文化发展与传播系列丛书

数字化·新空间

非物质文化遗产传播创新案例选

主编 杨 红

中国传媒大学出版社
·北京·

前言
Foreword

2024年，我国加入联合国教科文组织《保护非物质文化遗产公约》20周年。

20年来，我国颁布了《中华人民共和国非物质文化遗产法》，建立了国家级和省、地、市级四级非物质文化遗产代表性项目和代表性传承人名录体系，实施了传统工艺振兴计划等分类保护措施，设立了遍布全国的国家级文化生态保护区等，非遗保护体系已然建立。此外，我国入选人类非物质文化遗产代表作名录（名册）的项目总数也位居世界第一，是《保护非物质文化遗产公约》履约国中的"优等生"。

更为可喜的是，中国人对"非物质文化遗产"这个舶来词，以及更为频繁使用的简称"非遗"的认知几乎达到了家喻户晓的程度，人们对保护非遗的认同程度也是空前的，尤其是越来越多的年轻人开始参与各类非遗实践。在形成这一良好局面的过程中，业内外逐步达成了一个共识：保护非物质文化遗产，传承与传播同等重要。

自2018年以来，中国传媒大学相关研究团队持续开展非遗传播专题研究与实践，推出了一批应用研究与项目实践成果。2019年，由清华大学出版社出版的案例库《非物质文化遗产：从传承到传播》，着眼典型案例的全收录，归纳经验，总结规律，受到业内广泛好评。

2023年，中国传媒大学非遗传播研究中心再次着手汇编案例库，着眼案例的创新度和"破圈力"，以"数字化"与"新空间"作为案例汇聚的两个着眼点，期望为非物质文化遗产保护等相关专业建设、人才培养与行业实践提供前沿参考。

杨 红

2024年6月

于大有书馆

目录
Contents

第一章 国内新媒体传播案例 ··· 001
- 案例一 创新再现传统工艺——"才疏学浅的才浅"传播花丝镶嵌 ··· 003
- 案例二 用非遗复刻中式千年浪漫——九月打铁花 ··· 009
- 案例三 要传承更要被"看见"——杨柳独竹漂舞出国风新潮 ··· 018
- 案例四 非遗遇见 Z 世代——赤水竹编在年轻人中"走红" ··· 023

第二章 海外社交媒体传播案例 ··· 031
- 案例一 是民族的,也是世界的——阿木爷爷的匠心密码 ··· 033
- 案例二 守正创新,融会贯通——自得琴社海外破圈路径与启示 ··· 041

第三章 非遗数字化传播案例 ··· 051
- 案例一 数字赋能手工艺类非遗——依文集团助力贵州苗绣活化利用 ··· 053
- 案例二 当非遗搭上"元宇宙+文旅"快车道——秦淮灯会主题数字藏品 ··· 061
- 案例三 虚实结合——非物质文化遗产实体展示空间中的数字化应用 ··· 066

第四章 非遗新空间案例 ··· 075
- 案例一 打破传统演艺模式诠释非遗新潮流——越剧《新龙门客栈》 ··· 077
- 案例二 非遗与城市融合的新据点——绍兴非遗客厅 ··· 085
- 案例三 传统手工艺主动谋求转型发展——土布纺织技艺传承人郑芬兰和她的传梭博物馆 ··· 090

案例四　南国狮醒，非遗新活力——永庆坊赵家狮非遗生活馆 …… 105

第五章　非遗新场域案例 …… 113
　　案例一　千年瓷都的当代蝶变——景德镇陶溪川·China 坊 …… 115
　　案例二　百年易俗社"古调新弹"——西安易俗社文化街区 …… 122
　　案例三　漫步古街老巷　打卡世遗——泉州古城 City Walk …… 131

第六章　非遗跨界传播案例 …… 141
　　案例一　云南非遗在电视剧《去有风的地方》的呈现与破圈传播 …… 143
　　案例二　网络剧主流导向与观众口碑的密码——非遗元素网剧
　　　　　　《为有暗香来》 …… 151
　　案例三　媒介生产意义——潍坊风筝"出圈"之路 …… 158
　　案例四　当"老手艺"遇上新青年——潮玩也非遗 …… 164
　　案例五　传统文化新玩法——非遗植入网游 …… 170

第七章　非遗品牌 IP 传播案例 …… 187
　　案例一　让传统文化焕发时尚之光——藏羌织绣的 IP 授权 …… 189
　　案例二　寄情于"结"——结绳记的非遗品牌传播 …… 193

参考文献 …… 198
后记 …… 204

第一章
国内新媒体传播案例

- 案例一　创新再现传统工艺——"才疏学浅的才浅"传播花丝镶嵌
- 案例二　用非遗复刻中式千年浪漫——九月打铁花
- 案例三　要传承更要被"看见"——杨柳独竹漂舞出国风新潮
- 案例四　非遗遇见Z世代——赤水竹编在年轻人中"走红"

案例一　创新再现传统工艺
——"才疏学浅的才浅"传播花丝镶嵌

一、案例简介

花丝镶嵌，简称花丝，又叫细金工艺，是一门传承久远的中国传统手工技艺，于2008年6月被列入国家级非物质文化遗产代表性项目名录。花丝镶嵌又是一门宫廷技艺，主要使用金、银等材料，通过镶嵌宝石、珍珠或编织等工序，制作成工艺品。花丝镶嵌工艺流程复杂，大致可分掐、填、攒、焊、堆、垒、织、编8种手法，技艺精湛，造型优美，花样繁多，在中国工艺美术界独树一帜，具有较高的艺术特色与审美价值。[①]

2022年初，哔哩哔哩平台（下文简称B站）UP主"才疏学浅的才浅"（下文简称才浅）的作品"花丝空间站"引爆全网，在B站收获511.9万次播放、16.1万弹幕、86.7万点赞、31万收藏、2.8万次分享，B站当年排名第一，微博热搜获得3亿的曝光，并登上央视。

视频作品《非遗浅作 | 耗时三个月传统金银工艺打造中国空间站，过程艰难，结局高能》是才浅历时3个月，运用花丝镶嵌技艺，以黄金和白银为材料，复刻中国天宫空间站的记录。"花丝空间站"的爆火，不仅是对才浅

---

① 花丝镶嵌制作技艺［EB/OL］.（undated）［2023-08-06］. https://www.ihchina.cn/Article/Index/detail?id=14542.

视频作品的肯定，更体现了花丝技艺在当代创造性转化、创新性发展的可能性。本文将以花丝镶嵌技艺创新视频《【非遗浅作】耗时三个月传统金银工艺打造中国空间站，过程艰难，结局高能》为案例，依据视频内容剖析其成功传播的原因以及相关非遗技艺在当代传承发展的新思路。

二、案例分析

（一）破圈："Z世代"的时代力量

1. 创造联系：叠加传播热点

"95后用非遗花丝造空间站"是微博热搜的词条（图1-1）。"95后"代表了年轻一代，"非遗花丝"是中国传统文化，"空间站"是当今时代的科技产品。才浅把3个看似不同维度的事物联系在了一起，借助互联网新媒体平台，实现了三方的叠加效应，从而引起广泛关注，实现破圈。

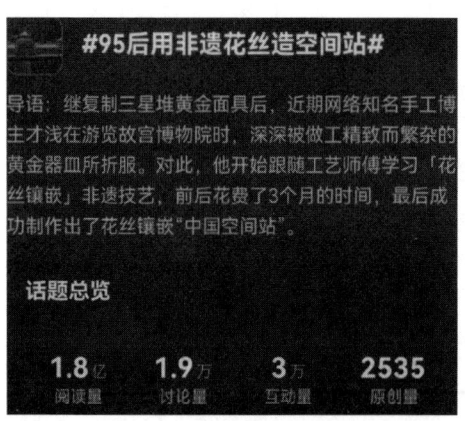

图1-1 #95后用非遗花丝造空间站#微博热搜话题数据①

2. 机遇：文化复兴时代

在庆祝中国共产党成立95周年大会上，习近平总书记对文化自信加以阐释，指出"文化自信，是更基础、更广泛、更深厚的自

---

① #95后用非遗花丝造空间站#［EB/OL］.（2022-01-03）［2023-08-06］.https://s.weibo.com/weibo?q=%2395%E5%90%8E%E7%94%A8%E9%9D%9E%E9%81%97%E8%8A%B1%E4%B8%9D%E9%80%A0%E7%A9%BA%E9%97%B4%E7%AB%99%23.

信"①。近年来，随着国家和社会对中华传统文化发掘、保护、利用的力度越来越大，中华文明正穿越历史烟云，展现出无与伦比的魅力，由此形成了传统文化的"回归效应"。"花丝空间站"的破圈，就是这种"回归效应"的体现，非遗技艺也获得越来越多的关注。视频中体现的不仅是复杂的花丝镶嵌技艺和精美的花丝空间站，更多的是国潮觉醒、文化复兴的时代下人民群众的文化自信与文化认同。

3. 融合：传统技艺彰显当代重器

博主"才浅"用传统非遗技艺——花丝镶嵌打造中国天宫空间站，将古代匠人巅峰技艺与当代国家科技重器相结合，古今呼应，让花丝镶嵌技艺焕发出时代光彩，也打开了非遗技艺的创新空间。

（二）视频内容解读

案例视频的主要内容包括作品灵感介绍、制作过程和作品展示三个部分。在这三个部分中，才浅加入了对花丝镶嵌技艺的介绍，并在制作天宫空间站时为观众展示了花丝镶嵌技艺的制作特点。接下来将从三个部分逐一进行介绍。

1. 灵感介绍：引入花丝镶嵌技艺

视频2分34秒前为第一部分内容，包括作品灵感来源、花丝镶嵌技艺的历史背景、学习花丝镶嵌技艺以及作品主题选择。才浅在故宫博物院了解到古时王宫贵族使用的首饰乃至器皿都运用了花丝镶嵌技艺，为了更详细地了解这项技艺，他专门联系某珠宝品牌，跟随花丝技艺老师傅学习，最终完成了作品"花丝空间站"（图1-2）。

---

① 习近平：在庆祝中国共产党成立95周年大会上的讲话［EB/OL］．（2021-04-15）［2023-08-06］．https://www.gov.cn/xinwen/2021/04/15/content_5599747.htm?eqid=e6848e9c00071a770000000364658aad.

图 1-2 才浅学习花丝镶嵌技艺①

才浅提到，作品主题之所以选择中国天宫空间站，是因为"花丝镶嵌是中国古代工艺的巅峰之一，而中国空间站是当代工艺的巅峰之一"，他想把两者结合起来。

2. 制作过程：展示花丝镶嵌技艺

视频 2 分 34 秒至 15 分 39 秒是花丝空间站的制作过程。才浅逐一展现了花丝镶嵌技艺的拉丝、搓丝、分割、掐花丝、填丝、焊接以及空间站零部件打造等步骤，细致入微。才浅还为观众详细讲解了每一阶段的用处——拉丝，把金块拉成细丝，得到花丝镶嵌的原材料素丝；搓丝，把细丝搓成麻花状；分割和掐花丝，将搓好的丝用"制板"的工具进行测量分割，再掐成各种形状的花纹；填丝，将掐好的花丝粘在图案里面；最后用焊药焊接（图 1-3）。

图 1-3 才浅打造羽毛状的部件②

在制作过程中，他也加入了个人感受："需要耐心，做到心如止水，宁静致远。"才浅让观众在感受作品精巧复杂的同时，了解花丝手工艺人的技艺精湛以及制作不易，从而增强对中华优秀传统文化的敬畏之情。

3. 作品展示：感受花丝镶嵌技艺

视频 15 分 39 秒至 21 分 08 秒是作品的展示部分。才浅结合天宫空间站的历史，将各飞行器、试验站一一对接。首先是天和核心舱，即航天员居住的主要区域以及节点舱；对接运送补给和设备的天舟二号货运飞船；再对接

---

①② 【非遗浅作】耗时三个月传统金银工艺打造中国空间站，过程艰难，结局高能［EB/OL］.（2022-01-02）［2023-08-06］.https://www.bilibili.com/video/BV1mM4y1F7yh/?spm_id_from=333.337.search-card.all.click.

顺利地将聂海胜、刘伯明、汤洪波3人送入太空的神舟十二号载人飞船；调转天舟二号；对接天舟三号；神舟十三号成功发射，对接在空间站下方。他不仅介绍了空间站目前的全部形态，还将预计在未来一年里发射的问天与梦天实验舱也进行了组装（图1-4）。

图1-4　空间站展示①

才浅既展示了用花丝镶嵌技艺打造的作品，又展现了中国航天事业的重大进展。"可上九天揽月，可下五洋捉鳖"，古代精湛的技艺结合现代先进的科技，不禁让观众眼前一亮（图1-5）。

图1-5　空间站展示②

三、结语

才浅的"花丝空间站"作品是国家级非遗花丝镶嵌技艺的创新演绎，也是通过年轻人的视角讲述中华优秀传统文化。才浅将传统文化、民族自信与国家力量有机结合，以新媒体为载体，通过深入浅出的视频内容，为观众展现了花丝非遗技艺的魅力，将逐渐淡出大众视野的传统工艺拉回大众舞台，让更多人有机会去重新认识、研究、挖掘它们背后的历史厚重与民族文化。古今融合，让非遗技艺找到新的出路。

---

①②【非遗浅作】耗时三个月传统金银工艺打造中国空间站，过程艰难，结局高能［EB/OL］.（2022-01-02）［2023-08-06］.https://www.bilibili.com/video/BV1mM4y1F7yh/?spm_id_from=333.337.search-card.all.click.

这一创新思路对于相关非遗技艺的短视频传播有一定的启发。作为中华优秀传统文化，非遗技艺需要与当代热点相结合；根据时代特点创新题材，非遗技艺可以重新焕发活力。

案例二　用非遗复刻中式千年浪漫
——九月打铁花

一、案例简介

（一）打铁花

打铁花是一种大型民间传统焰火，是中国古代匠师在铸造器皿过程中发现的一种民俗文化表演技艺。它始于北宋，盛于明清，至今已有千余年历史，多流传于黄河中下游，于2008年6月被列入国家级非物质文化遗产代表性项目名录。[1]

传统打铁花表演要求在空旷的场地上搭建双层花棚，花棚上铺满新鲜的柳枝，上面绑满烟花、鞭炮等。花棚中间竖立一根老杆，花棚的总高度达10米以上。在打铁花表演过程中，10余名表演者用花棒将1,600多摄氏度高温的铁水击打至棚顶，形成十数米高的铁花。铁花化为漫天华彩，遍地生金，场景惊险刺激，蔚为壮观（图1-6）。

打铁花讲究"一元、两仪、三才、四象、五行、八卦"。"一元"指整个花棚；"两仪"指上下两层；"三才"指两层花棚加上中间穿过的一根老

---

[1] 打铁花［EB/OL］.（undated）［2023-08-06］.https://www.ihchina.cn/Article/Index/detail?id=15214.

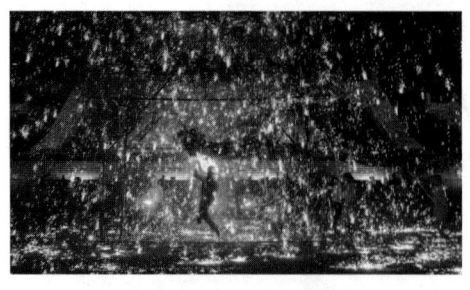

图 1-6 确山打铁花①

杆，寓意"天地人"，这种表达还可见于《马王堆汉墓帛画》；"四象"即四个方位；"五行"指东方属木，南方属火，西方属金，北方属水，中央属土，并在五个方位分别插上青、红、白、黑、黄五面旗帜代表五行；"八卦"指花棚分为上下两层，两个四角错开为八角，形同罗盘八卦。因而，打铁花包含了道教文化、商贸习俗、民间工艺等多元内容，丰富了中华民间艺术宝库，在活跃人民群众文化生活、提高民族自豪感和增强民族凝聚力等方面发挥着重要作用。

杨建军是确山铁花国家级非物质文化遗产代表性传承人。在新中国成立初期，确山打铁花仅于 1952 年、1956 年和 1962 年进行过表演。直至 1988 年，经杨建军挖掘整理，确山铁花才再次出现在人们面前。2002 年，杨建军组建了确山铁花民间表演队，开始对这千年技艺进行传承和展示。

（二）江寻千非遗创新传播短视频

江寻千（九月）（以下简称：江寻千）于 2019 年 11 月成为自媒体创作者，最早在抖音平台发布作品。截至 2023 年 7 月，其抖音平台粉丝量达到 1,231.1 万，获赞量达 1.2 亿次（图 1-7）。此外，她在快手、小红书、哔哩哔哩平台（下文简称 B 站）的粉丝量分别达到 718 万、295.5 万、263.7 万，具有极大的影响力和传播力。

2023 年 6 月，江寻千在各大视频平台发布短视频《带你去看曾经最极

---

① 此乐山，非彼乐山，我叫老乐山！［EB/OL］.（2019-06-25）［2023-08-06］.https：//www.mafengwo.cn/i/14127318.html.

致的浪漫，千年绝技——打铁花》（以下简称：打铁花短视频），讲述了自媒体创作者江寻千在兴趣感召下前往河南确山，并在非遗传承人杨建军的指导下，经过一个多月的练习，最终完成了打铁花的表演，成为确山铁花第七代传承者的故事。

图 1-7　江寻千（九月）抖音平台粉丝数据①

这条短视频很快霸屏了抖音、快手、B 站、小红书等多个平台，引来了无数网友的赞叹，江寻千也借此条短视频登上抖音、小红书涨粉榜。根据卡思数据统计，截至 2023 年 7 月，江寻千在抖音平台的粉丝量达 1,168.9 万，6 月粉丝增量为 165 万，位列抖音 6 月涨粉榜第七名②；江寻千在小红书平台的粉丝量也已达到 293.31 万，这条视频使其涨粉 30.57 万，位列小红书 6 月涨粉榜第二名③。截至 2023 年 7 月 11 日，打铁花短视频在抖音平台点赞量为 478.7 万，在 B 站播放量为 1,127.8 万、点赞量为 162.4 万，展现了惊人的传播力。

---

① 江寻千（九月）[EB/OL].（undated）[2023-08-06].https://www.douyin.com/user/MS4wLjABAAAAigFjTEOAwKibGXwx9X5mWfu1uOUJWfeoHpvaXqzzRc0.

② 单条视频点赞超 200 万，素人改造仍是流量密码 [EB/OL].（2023-07-11）[2023-08-06]. https://mp.weixin.qq.com/s/PhDixNPkiBDAGkGvEZC1Ug.

③ 一条视频霸榜四大平台，全能博主"接棒"李子柒 [EB/OL].（2023-07-05）[2023-08-06].https://mp.weixin.qq.com/s/GS2Txcc9Ncu7aUMUnk3cHA.

二、案例分析

（一）江寻千非遗短视频出圈原因

打铁花短视频的出圈是多因素共同作用、相互促进的结果。"打铁花"的爆火虽然只是个案，但其中也隐藏着非遗在新媒体时代传播的创新思路，具有参考价值。

1. "KOL+非遗传承人"模式突破传统传播的运营局限

短视频平台目前的算法推荐机制主要包括基于内容的推荐、基于记忆的协同过滤推荐、基于模型的协同过滤推荐、关联规则推荐和组合推荐等。基于内容的推荐，即文本推荐，是以抖音为代表的UGC生产模式下，用户获取非遗短视频最为重要的依据，这与非遗短视频创作与传播的主要目标有关——通过传递视频中的内容信息来推广非遗。[1] 我国非遗项目数量繁多，但普遍存在地域性强、知名度低的现象，这也意味着用户主动搜寻的概率较低，大部分用户是通过"信息偶遇"看到非遗的。算法推荐的限制和用户的选择性接触共同作用，使得优质的非遗短视频无法传播开来，促成了"信息茧房"的产生。

但是，"KOL+非遗传承人"的模式可以有效地突破非遗传播这一限制。在打铁花短视频中，粉丝基数庞大的KOL江寻千与非遗传承人杨建军的"梦幻联动"，使原本不为人知的"打铁花"得以冲破信息茧房实现破圈。在这一过程中，非遗和非遗传承人提高了知名度，KOL借助非遗增加了内容生产的深度与广度，提升了粉丝黏度，实现传统与当代的"双向奔赴"。

---

[1] 翟姗姗，胡畔，吴璇等.基于用户信息行为的新媒体社交平台信息茧房现象及其破茧策略研究：以非遗短视频传播为例 [J].情报科学，2021（10）：118-125.

此外，KOL 及其团队通常具有优秀的媒介素养和互联网思维，这也弥补了非遗传承人在运营层面普遍存在的不足。两者联合有助于扩大内容影响力，塑造独特的品牌文化符号，促进非遗向当代化和品牌化转化。确山打铁花是传统民俗表演，此次打铁花短视频的爆火也有助于吸引游客实地感受打铁花的独特魅力，推动当地旅游业的发展。

2. 社交媒体时代传受逻辑嬗变助推叙事语言创新

社交媒体也称社会化媒体，指依靠 Web2.0 技术发展起来的基于用户关系的内容生产与交换平台。目前，主流的社交媒体平台主要依托"圈层传播"和"点对点"传播的特性，通过大众传播与人际传播相结合，使得信息得以在平台迅速扩散；同时，社交媒体承担着日常社交功能，是网民现实社会关系的重要延伸。因此，社交媒体中的传播通常具有对话性、参与性、连通性、扁平化等特点，这也意味着传受逻辑的巨大转变。面对这种转变，非遗传播的叙事语言亟待创新，而江寻千的案例为非遗传播上了生动的一课。

传统的知识普惠式非遗题材短视频，将非遗平铺直叙地单向灌输给受众，容易造成个体审美接受疲软，导致非遗数字传播链路受阻，人文光晕被遮掩。[①] 而以江寻千为代表的青年意见领袖在参与非遗题材短视频叙事时，打破了传统"以传者为中心"的话语体系，实现了从"旁观者"向"亲历者"、从"教育者"向"阐释者"的身份转变，使得自我价值实现与非遗传播目标齐头并进。

在打铁花短视频中，江寻千所扮演的角色与传统非遗题材短视频中主人公形象的差别，在于她没有单纯地将自己定位为一个自媒体创作者，而是抱着学习的心态，将自己当成新一代的非遗传承者。这不但拉近了江寻千与杨建军的距离，还消除了观众对传播主体"表演式行为"的抵触。这种对叙事主体与非遗内在联系性的隐喻，为其他传播主体提供了全新的传播实践范

---

① 司若，宋欣欣. 非遗题材短视频的视觉语法与国际传播研究[J]. 中国电视，2023（3）：13-21.

式。创作者可以融入青年传承群体，与非遗产生关联故事，将带有特定非遗情感记忆的个体信息移植到短视频媒介的公共空间，有助于隐蔽地表达对非遗保护、非遗传承的期盼。

3. 短视频叙事镜头语言的妙用提升传播效果

该案例短视频的叙事逻辑更重视传播者的自我表达。在打铁花短视频中，杨建军对江寻千的态度经历了"质疑—鼓励—认可—赞赏"四个阶段，江寻千学习打铁花的过程也经历了"打石—打沙—打水"三个阶段的努力，这些都充分体现了江寻千作为传播主体的成长。此外，在学习过程中，江寻千的服饰从一开始的长裙变为短袖，最后变成汗衫。服饰的变化不仅给予观众丰富的视觉冲击，也在细微处塑造了人物的形象。在此类非遗题材短视频中，镜头组接以中近景居多，景别类型趋小，且较少涉及长焦镜头和广角镜头。这类镜头语言不仅突出了传播主体、对焦非遗核心视像，还有利于传受双方形成更为亲密的社会距离，提升传播效果。

4. "她力量"叙事助力内涵丰富与传播扩张

打铁花短视频为观众展现了一种独特的力量之美，这种力量超越了性别的界限，凸显了个人坚持与努力的价值。该视频的爆红也是公众对江寻千对传统非遗技艺的热爱和追求的认同。

在学习打铁花的过程中，江寻千展现了惊人的耐心和毅力，面对高温、噪音和技术的挑战，她迎难而上，不断尝试，不断练习，并最终成功掌握了打铁花技艺。这种耐心和毅力不仅体现在技艺的掌握上，更体现在她对传统文化的热爱和尊重上。江寻千的成功，既在于她掌握了打铁花技艺，更在于她善于通过社交媒体等渠道将打铁花这一传统技艺传播给更多的人，为非遗技艺的传承做出了贡献，也从"她力量"这一叙事角度出发，丰富了视频内涵。

（二）对打铁花短视频案例的反思

打铁花短视频的成功为非遗的传播与传承给出了一条可行之路，但路径与实践之间依旧道阻且长,其中还存在着诸多值得反思的问题。

1. 尊重打铁花等非遗的自身特性,避免过度追求市场化

打铁花技艺练习困难且危险程度高,非遗传承人往往需要经年累月的练习才能在保证自身安全的前提下完成出色的演出,但普通人很难投入大量时间学习,这就阻碍了游客体验式参与的可能性;同时,打铁花与其他编织扎制、织绣印染类非遗不同,铁花转瞬即逝,除现场表演外欠缺其他可供开发的商品属性,且表演场地要求较为严格,诸多因素共同导致了打铁花这类非遗难以通过市场化实现传承。

市场化固然能够提升非遗的自我造血机能,但追求商业变现绝不是非遗传播传承的唯一目的。不尊重非遗本身特性的行为,无异于本末倒置,破坏了非遗传承的健康生态。因此,在对打铁花这类非遗进行传播时,相关方应摆正心态,尊重非遗自身特性,在注重传播效能提升的同时,避免因过度市场化而破坏非遗的常态化传承和可持续发展。

2. 非遗传播切忌"工业化",其应止于网络景观

打铁花短视频虽然具备可复制性,但非遗传播始终需要具体问题具体分析,"工业化"批量生产的手段切不可取。

打铁花短视频不是仅仅凭借良好的视听语言表达和创新的生产传播模式实现爆火的,更为重要的是打铁花这一非遗本身所具有的精神价值和文化内涵。传播不仅仅是讯息在空间的扩散,更是在时间上对一个社会的维系。詹姆斯·凯瑞曾提出,传播活动是人们交往的一种仪式,其作用在于通过符号的处理和创作,定义一个人们活动的空间和人们在这一空间扮演的角色,使得人们参与这一符号的活动,并在此活动中确认社会关系和秩序,确认与其他人共享的观念和信念。[①] 在铁花盛开的刹那,"火树银花不夜天,弟兄姊妹舞翩跹""烟花易逝,人情长存"式的中国浪漫,将具有共同文化基因的观众们紧密地联系在一起,在短时间内构建了一个有序的、有意义的、能够用

---

① 凯瑞.作为文化的传播:"媒介与社会"论文集[M].丁未,译.北京:华夏出版社,2005:21.

来支配和容纳人类行为的文化世界。非遗传承的不仅仅是技艺，更是中华民族五千年的血脉与精神。

知识化、专业化、精美化的叙事风格赋予非遗短视频更为雅致的格调，在一定程度上满足了新时代人民大众的精神文化需求，塑造了更高层次的审美趣味和审美期待。但这种叙事风格也会逐渐成为获取流量、获得利润的非遗短视频生产标准，在流量变现的目标驱动下，创作者通过提炼、剪裁、改写非遗的内容并嵌入短视频作品中，形成或有知识、或有技能、或有审美享受的非遗短视频，成为一种被精心摆放、设计或者雕刻的网络景观。[①]当下，短视频模板化、同质化问题严重，视频创作者一味地复制、模仿优秀作品的创作模式，使其流于"工业化"和过度商业化。早在20世纪中叶，德国哲学家阿多诺就对"文化工业"进行了深刻的批判。非遗传播应始终着力于自身特色，挖掘非遗本身独特的文化基因。事物本身的标准化、为了消费而生产、机械复制等特征终究会使非遗传播变成被精心摆放、设计的网络景观，造成受众的审美疲劳，从而阻碍文化进一步发展。

3. 传者自我表达与非遗传播间的"度"尚需衡量把握

在"KOL+非遗传承人"模式中，KOL作为传播主体，在视频创作过程中难免会将传播重心偏向自我表达，从而导致非遗本身特征被掩盖；而在视频的传播过程中，其受众也主要是粉丝群体，KOL与其粉丝之间的情感联系在内容传播中往往起着更为重要的作用。在市场化的运作中，这类现象无可厚非，但从长远的角度来看，这可能会对非遗本身的传播起到一定的阻碍作用。因此，在视频创作的过程中，视频创作者需衡量和把握传者自我表达与非遗传播之间的"度"，尽可能完整地表现非遗本身的魅力，同时尽量消除非遗传承人话语弱势的问题。

---

① 林加.传播与传承：非物质文化遗产短视频的创新发展路径［J］.中国编辑，2023（5）：98-103.

三、结语

总而言之,非遗在新媒体时代通过短视频实现了创造性转化和创新性发展,推动了非遗的保护和传承,未来还需要更多主体的协同参与,不断增强非遗的生命力。与此同时,非遗传播还应平衡好获取商业利益和弘扬文化内涵之间的关系,实现经济效益与社会效益的统一。

案例三 要传承更要被"看见"
——杨柳独竹漂舞出国风新潮

一、案例简介

（一）独竹漂

独竹漂，又称独木漂或独木舟（图1-8），是发源于我国赤水河流域的一种黔北民间绝技。独竹漂要求表演者脚踩楠竹，而后漂行于水面上。在秦汉时期，黔北当地人借助河道运输木材时，常有个别木料被冲散，为了追赶河面上被冲散的木材，当地人逐渐练就了独竹漂这种独特技艺，因此独竹漂逐渐演变为赤水河流域一种特有的交通方式。如今，随着时代的发展和对非物质文化遗产的重视，独竹漂逐渐成为一项民间运动和表演项目，并在2011年第九届少数民族传统体育运动会上作为正式项目入选。2021年，"赤水独竹漂"被

图1-8 独竹漂[①]

---

① 非遗名录｜"中华一绝 水上芭蕾"：赤水独竹漂［EB/OL］.（2021-03-03）［2023-08-06］. https://baijiahao.baidu.com/s?id=1693196910107290891&wfr=spider&for=pc.

列入第五批国家级非物质文化遗产代表性项目名录。独竹漂一般由两根楠竹组成，分为一短一长、一细一粗——粗长的一根踩于脚下，直径为15到20厘米，长可至八九米；细短的一根持于表演者手中，用于保持平衡和划行前进。表演者站立于楠竹上时，腿脚须同时发力控制竹竿，以防止竹竿转动，然后手臂握住细短竹竿向前划行，完成倒退、转身、转弯等动作。

（二）非遗传承人——杨柳

作为非物质文化遗产独竹漂项目的传承人之一，杨柳从小就跟着奶奶学习独竹漂，随后她结合自己在艺校的学习经历，创新性地将舞蹈动作融入独竹漂中，完成了在"水面竹竿上跳舞"的奇特表演。2020年，杨柳在朋友的建议下，将自己的独竹漂表演视频发布至视频网站，收获了100万播放量和上千个点赞，并且得到了央视和其他主流媒体的推广。随后杨柳便开始创作非遗短视频，她在B站、抖音、小红书等自媒体平台均设立账号。截至2023年7月，杨柳在B站粉丝量达22.4万，小红书粉丝量达19.9万，抖音粉丝量达105.5万，各平台获赞总数超1,204万（图1-9）。海内外其他媒体推广关于杨柳独竹漂的视频总播放量也超千万，杨柳独竹漂已然成为一种现象级的非遗创新传播案例。

图1-9　杨柳独竹漂自媒体平台数据①

---

① 图片数据分别来源于：杨柳［EB/OL］.（undated）［2023-08-06］.https：//www.xiaohongshu.com/user/profile/58c5f92582ec3950f232a7d1?xhsshare=CopyLink&appuid=5fc0f3e4000000000101e426&apptime=1709797579. 杨柳独竹漂［EB/OL］.（undated）［2023-08-06］.https：//space.bilibili.com/513192993?spm_id_from=333.337.0.0. 杨柳［EB/OL］.（undated）［2023-08-06］.https://www.douyin.com/user/MS4wLjABAAAAwWzRuT5W04NB4u7tnBabLoxQkSVy4ywUCFSJ4WikBLPg3dC_Gh8vJcj7Fsd3T6LG.

二、案例分析

（一）非遗传播对接年轻化群体

以往，大众对于非遗普遍持有土气、老旧的刻板印象，这便导致非遗在大众群体中的传播度和接受度并不高；由于身体原因和精力有限，大多数中老年非遗传承人很难扩大非遗的影响力；中老年群体对于新时代互联网传播基本知识和方法的了解、掌握有限，这也使得有些非遗即使卖力宣传也达不到预期效果。而杨柳的出现为这一困境探索出了一条崭新的路径，90后的杨柳对于互联网时代年轻群体的偏好十分了解，于是她创新性地将舞蹈和独竹漂进行融合，并结合时下流行的音乐制作视频。这种做法颠覆了以往传统、古板的非遗传播模式，取得了意料之外的效果，越来越多的"Z世代"用户通过全新的视角了解到非遗，并出于好奇的心态在网络上进行讨论传播，为非遗传播拓宽了渠道和受众面。

（二）现代舞乐与传统非遗创新性融合

杨柳自小学毕业就一直在学习民族舞和古典舞，但因为身材娇小，杨柳一直没能获得足够的登台机会。在奶奶的建议下，她将多年的舞蹈经历创新性地融入独竹漂，完成了舞蹈梦想的别样实现。在杨柳之前，所有独竹漂的划行者都只是站于楠竹上静态划行，而杨柳通过极强的专注力、毅力和高超的技艺水准实现了在独竹上跳舞这一不可思议的表演。[1]

非遗的传承不仅需要保持尊重的心态，还需要大胆创新的态度，而新时代的非遗传播更需要适应以自媒体平台为主流的互联网媒体传播渠道，杨

---

[1] 独竹漂传承人——贵州遵义杨柳之初识独竹漂 [EB/OL].（2022-12-11）[2023-08-06]. https://mp.weixin.qq.com/s/l3khHlgzV-Mr6bz5U_T8hA.

柳抓住了短视频平台的叙事方法，以时下正兴的新国风为视频风格，身着汉服，并辅以具有节奏感和话题性的 BGM 来产生视频爆点。在注重造势的同时，杨柳也十分重视视频的拍摄和后期制作，精美的画面和专业的制作水准让杨柳的视频在具备看点的同时也保证了质感，二者兼备造就了杨柳独竹漂这一非遗符号的传播流行。

（三）高难度表演与差异化思路

以往的独竹漂大多以竞技形式展现在观众面前，虽然竞技类赛事能即时调动观众的积极性和关注度，但在持续产生热度与黏度方面却稍显乏力，而杨柳通过融合舞乐将独竹漂创新设计为一种具有观赏性的表现形式，较好地兼顾了即时性与持续性。杨柳在楠竹上的高难度舞蹈表演满足了观众追求刺激的需求，其富有设计感的动作也具有十足的欣赏和讨论空间，不论是高抬腿抑或是一字马，杨柳都能在保证完成度的同时兼备游刃有余的美感。其视频区别于其他同类视频的一个重要特征便是她敢于展示失败（图 1-10）。在杨柳的 B 站账号中，播放量最高的视频便是其练习独竹漂的失败集锦，这个视频让观众了解到非遗传承的不易。除了动作本身的难度，独竹漂也极易受天气影响，失败集锦视频中大多镜头都向观众展示了磅礴雨天中的杨柳无数次从楠竹上摔下再不断爬起的画面。这种叙事方式在非遗传承视频中较为罕见，大众在了解非遗时大多只会关注其显现出的结果和成品，很少能够透过表象看到非遗

图 1-10　杨柳失误从楠竹上滑落②

---

① 总有一天，我会让全世界都知道，中国非遗独竹漂！[EB/OL].（2022-02-24）[2023-08-06].https://www.bilibili.com/video/BV1nP4y1c766/?spm_id_from=333.999.0.0.

传承背后的艰辛，而杨柳的视频将此展示给观众，以达到非遗传播视频的差异化。

三、结语

杨柳的技艺令人惊叹。在看似平凡的一根竹子上，杨柳能够自如地站立、行走甚至跳舞，其平衡感和控制能力达到了惊人的程度。这种技艺不仅需要长期的刻苦训练，更需要极高的天赋和悟性。独竹漂是当地人民在长期生产生活中创造出来的一种独特的文化现象，杨柳在传承、传播这一技艺时，注重挖掘和传承其背后的自然风貌和文化内涵。通过她的表演，受众可以感受到赤水的自然风光、人文历史以及当地人民的勤劳和智慧。

杨柳通过在竹上翩翩起舞，赋予了独竹漂新的内容，其表演题材包含本地文化、历史故事等，形成了一套独特的集民间体育与艺术表演为一体的独竹漂水上演绎，传承两千多年的水上技艺独竹漂也因此有了新的面貌，更为人们所喜爱。在内容创新的基础上，杨柳运用新媒体平台让非遗技艺"火"起来。振兴传统技艺，要传承更要被"看见"，在传承的基石上创新，在创新的表达中浇铸岁月，拥抱时代，才能立于时代。

案例四　非遗遇见 Z 世代
——赤水竹编在年轻人中"走红"

一、案例简介

贵州赤水是"中国十大竹乡"之一，拥有多项与竹子相关的非物质文化遗产，其中包括"赤水竹编"这一省级非物质文化遗产项目。竹编技艺历史悠久，最早可追溯到明末清初，其制作过程精细复杂——必须选用海拔800米以上深山中生长一至两年的慈竹，经过刮青、破竹、加工、起篾、染色、煮篾、拉丝等20多道工序。1厘米宽的竹片，会被分成20根小丝，变成晶莹透明、细如发丝的精细竹丝，再经过竹编工艺师的巧手编织，这些竹丝就变成了极具民族特色的工艺品。[①] 随着社会的发展，传统竹编已经不能满足现代的生产需要和审美需求，急需推动该项非遗在当代的创造性转化、创新性发展。

[①] 贵州90后全国人大代表杨昌芹讲述非物质文化遗产赤水竹编助力脱贫致富［EB/OL］.（2018-03-09）［2023-08-06］.http://www.mct.gov.cn/whzx/bnsj/fwzwhycs/201803/t20180309-831421.html.

二、案例分析

（一）新时代赤水竹编的创新发展

在赤水这片广袤的土地上，陈文兰、杨昌芹（图1-11）等非遗传承人成为赤水竹编创新性发展和创造性转化之路上的探路先锋。他们不仅继承了传统竹编技艺的精髓，更在此基础上进行了一系列富有创意的尝试和突破，推动了传统竹编向平面竹编书画、立体竹编装饰品以及实用品等领域的转化。①

而以"修竹大叔"（图1-12）为代表的手艺人们，凭借对赤水竹编的热爱与执着，借助新媒体的东风，通过短视频的形式，让非遗竹编技艺在互联网中焕发出新的光彩。他们不仅将传统竹编技艺进行创造性转化，还在内容上大胆创新，将竹编与现代社会热点紧密结合，让赤水竹编这一传统技艺走进更多年轻人的视野。

图1-11　杨昌芹编制花瓶②

图1-12　修竹大叔编制竹篮③

---

① 文化 | 贵州省级非物质文化遗产——竹编工艺［EB/OL］.（2021-03-14）［2023-08-06］. https://mo.mbd.baidu.com/r/13cKarohxGU?f=cp&u=576549db70bcc11f.

② 乡游黔中·赤水市 古镇社区 | 穿梭时光，感受繁华浮世里的宁静之乡［EB/OL］.（2023-05-15）［2023-08-06］.https://new.qq.com/rain/a/20230515A091XX00.

③ 传统工艺还能这样玩？看70后大叔坚守竹编40年［EB/OL］.（2022-11-15）［2023-08-06］.https://weibo.com/ttarticle/p/show?id=2309404836146768380310.

这些创新举动使富有时代气息的竹编书画、竹丝扣瓷、竹编提包、竹编灯饰等创意产品得到了社会和市场的广泛认可，赤水竹编逐渐形成了集实用性与观赏性为一体的产品特色。

（二）积极拥抱年轻人的"修竹大叔"

"修竹大叔"是一位自媒体博主，他贴合当下网友感兴趣的热门话题，制作出很多精美的手工竹制品，吸引年轻人了解、进入竹编行业，为竹编这项民间传统老行当注入了有活力的新鲜血液。他的视频播放平台有微博、B站、快手、今日头条等，但主要运营平台为B站。截至2024年6月，其B站平台粉丝量达15万，总播放量达1,627.1万，单个视频最高播放量为242.6万。他的作品不仅科普了竹编相关知识、复刻了经典物品，还加入了引发观众共情的元素，以下将对其创新做法进行详细分析。

1. 情感共鸣：爱国主义教育

在视频《承重140斤无压力，复刻竹编安全帽致敬先辈》中，"修竹大叔"不仅详细介绍了竹编安全帽的制作过程，还将电影《横空出世》、电视剧《理想照耀中国》中先辈们头戴安全帽、辛苦劳作的场景剪入其中，既为观众展现了奇妙的竹编工艺，又将民族情感融入其中。"如果奇迹有颜色，那一定是中国红"，他通过制作竹编安全帽，激发受众的爱国热情（图1-13）。

图1-13 竹编安全帽[①]

在视频《竹编冷知识——千年奇迹都江堰》中，"修竹大叔"为观众详细科普了竹子在都江堰工程中的作用，还展现了相关的编制方

---

① 承重140斤无压力，复刻竹编安全帽致敬先辈［EB/OL］.（2021-08-25）［2023-08-06］. https://www.bilibili.com/video/BV1FP4y1p7y5/?spm_id_from=333.999.0.0&vd_source=18d25b52fca7e3f22670dbabe36494c1.

法。观众在感叹古人智慧的同时,更惊叹竹编技艺应用之广泛(图1-14)。

2. 复刻经典:展现竹编魅力

"修竹大叔"有许多结合年轻人喜好的相关视频,这些视频对热门动漫、游戏等内容进行复刻和二次创新,展现竹编作品的多样性和年轻化。例如:《原神》中的须弥小屋(图1-15)、哆啦A梦(图1-16)、可达鸭(图1-17)等。

图1-14 竹编都江堰水坝[①]

图1-15 竹编须弥小屋[②]

图1-16 竹编哆啦A梦[③]

图1-17 竹编可达鸭[④]

---

① 承重140斤无压力,复刻竹编安全帽致敬先辈[EB/OL].(2021-12-07)[2023-08-06].https://www.bilibili.com/video/BV1BQ4y1e77t/?spm_id_from=333.337.scarch-card.all.click&vd_source=18d25b52fca7e3f22670dbabe36494c1.

② 《原神》大叔用一根竹子编了一个须弥的小屋![EB/OL].(2022-12-04)[2023-08-06].https://www.bilibili.com/video/BV1gv4y1o7U2/?spm_id_from=333.337.search-card.all.click&vd_source=18d25b52fca7e3f22670dbabe36494c1.

③ 什么?大叔把哆啦a梦做成木乃伊![EB/OL].(2022-07-28)[2023-08-06].https://www.bilibili.com/video/BV1iW4y1y7br/?spm_id_from=333.337.search-card.all.click&vd_source=18d25b52fca7e3f22670dbabe36494c1.

④ 大事不好鸭!!!这还是传统篾匠吗?[EB/OL].(2022-06-19)[2023-08-06].https://www.bilibili.com/video/BV1tL4y1A7Ew/?spm_id_from=333.337.search-card.all.click&vd_source=18d25b52fca7e3f22670dbabe36494c1.

3. 脑洞创新：竹编多元化

"修竹大叔"的作品中还有一些新颖的竹编装饰品，例如：方便面（图1-18）、鸟巢（图1-19）、联合国打结的枪、装饰竹子花灯、二维码等。依靠高超的竹编技艺，他制作的竹编二维码不仅逼真，甚至还可以被手机扫描出来。作品形式新颖，让人惊叹不已。

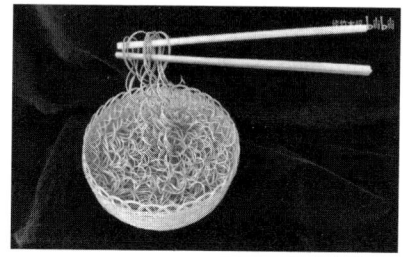

图1-18 竹编方便面①

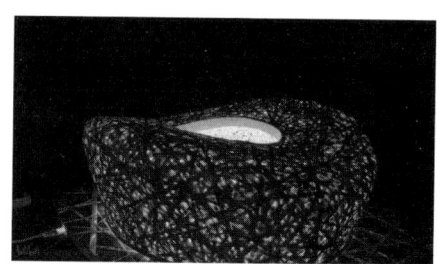

图1-19 竹编鸟巢②

（三）账号长期运营突破瓶颈的建议

1. 大众认知：根据主题推出系列视频

目前"修竹大叔"账号内容分为：竹编物件篇（生活篇、动物篇、饰品篇）、木头雕刻篇、竹编教程篇。其对作品有一个大致的分类，但没有详细的编排，因此，其账号可以从大众认知的角度设立主题，围绕主题制作系列作品，增加作品的可读性、连贯性、整体性；还可以通过作品反映主题、主旨，例如将现有视频作品分为铭记先辈篇、动漫游戏复刻篇等。

铭记先辈篇主要展示新中国成立前期与初期，经济落后、人民生活条件艰苦时期，竹编为人们的生活带来便利的相关场景。向观众展示竹编技艺的

---

① 这年头，方便面都要自己做了！[EB/OL]．(2022-03-25)[2023-08-06]．https://www.bilibili.com/video/BV1RL411w7hd/?spm_id_from=333.337.search-card.all.click&vd_source=18d25b52fca7e3f22670dbabe36494c1.

② 农村大叔用竹编了个鸟巢体育馆，接上电的那一刻惊呆了！[EB/OL]．(2022-08-30)[2023-08-06]．https://www.bilibili.com/video/BV1ze4y1d7K5/?spm_id_from=333.337.search-card.all.click&vd_source=18d25b52fca7e3f22670dbabe36494c1.

同时，将那段艰苦岁月重新拉回人们视线当中，铭记历史，向先辈们致敬。动漫游戏复刻篇可以通过征集数据、观众投稿等途径，对呼声高、人气高的动漫IP、游戏IP进行主题系列竹编复刻，并与其周边进行联动，让喜欢动漫的年轻群体注意到赤水竹编这一非遗技艺。

2. 跨界联动，名人效应

跨界联动方面，赤水竹编可以与多个领域进行深度合作，例如与时尚界联手，将竹编元素融入服装、饰品等设计中，打造独具风格的时尚单品；与家居行业结合，创作出具有实用价值和艺术美感的家居用品，如竹编灯具、椅子等；此外，赤水竹编还可以与旅游业结合，推出竹编文化体验活动，让游客在欣赏美景的同时，也能亲身感受竹编艺术的魅力。

名人效应方面，相关部门可以邀请具有影响力的文化名人、艺术家或明星担任赤水竹编的形象代言人，通过KOL的社交平台，分享赤水竹编的故事、技艺和作品，吸引更多粉丝关注；还可以举办有名人参与的竹编文化推广活动，如慈善义卖、公益展览等，借助名人的影响力，提升赤水竹编的知名度和美誉度。

三、结语

近年来，国内外对于青年人的价值和潜力有了更为深刻的认识。青年人作为社会的新生力量，他们的创意、激情和进取精神是推动社会进步的重要动力。各行各业开始积极赋能青年，为他们提供展示才华和实现梦想的舞台，让世界听到青年的声音。在此背景下，传统文化也迎来了新的发展机遇。越来越多的年轻网民不再满足于围观和欣赏，而是积极参与传统文化的传承与接力之中。他们主动接触非物质文化遗产，探索传统文化之美，通过自身的努力和创造力，让传统文化焕发新的生机与活力。

为了让非遗更好地走向年轻化，我们需要打破"次元壁"，让传统文化与现代文化相互融合。这需要我们借助现代科技手段，如网络、社交媒体等，将非遗以更加生动、有趣的方式呈现给年轻人。同时，我们也需要注重非遗的内涵和价值，让年轻人在接触和了解非遗的过程中，能够真正感受到文化的深度与魅力。青年传播者可在非遗传承中发挥举足轻重的作用。他们作为连接传统与现代、东方与西方的桥梁，通过自身的传播力和影响力，让更多人了解和关注非遗。因此，我们需要重视青年传播者的培养和发展，为他们提供更多的学习和实践机会，让他们成为非遗传承发展的重要力量。

通过打破"次元壁"、放大青年传播者影响力等方式，传统文化焕发出新的生机与活力，为社会的进步和文化的发展注入新的动力。让非遗走向年轻化是一个具有重要意义的事业。

第二章
海外社交媒体传播案例

- 案例一 是民族的,也是世界的——阿木爷爷的匠心密码
- 案例二 守正创新,融会贯通——自得琴社海外破圈路径与启示

案例一　是民族的，也是世界的
——阿木爷爷的匠心密码

一、案例简介

（一）榫卯技艺

榫卯（图2-1）是我国古建筑和相关物件的主要结构方式之一，也是我国传统家具之魂。一转一折、一榫一卯之间，凝结着中国几千年传统家具文化的精粹，沉淀着流光回转中经典家具款式的复合传承。[1] 溯源千年之前的战国时期，榫卯已是极为精巧的发明，整套家具、整幢房子不用一根钉子，却

图2-1　榫卯结构图示[2]

---

[1] 中国传统榫卯结构之美，古代匠人的智慧结晶！[EB/OL].（2017-06-08）[2023-08-06]. https://baijiahao.baidu.com/s?id=1569645279115850&wfr=spider&for=pc.
[2] 榫卯，是一种充满中国智慧的传统木匠工艺[EB/OL].（2020-10-04）[2023-08-06]. https://share.nctvcloud.com/folder257/folder649/2020-10-04/X1m4pppa5PNSZq9C.html.

能使用几百年，在人类工艺史上堪称奇迹。榫卯结构的建筑和家具不仅体现了工匠的智慧，还展现了其本身的美感和价值。作为中华民族独特的工艺创造，以榫卯结构为核心的中国传统木结构建筑营造技艺，于 2009 年被列入人类非物质文化遗产代表作名录。

（二）"阿木爷爷"创新传播中华非遗

近年来，一位中国工匠——"阿木爷爷"凭借其精巧的木工手艺和榫卯技艺迅速在海内外走红。他的视频风格质朴、自然、安静，没有花哨的文字，没有夸张的滤镜，亦没有喧闹的背景音乐，只是简单、清晰地呈现其制作各类木工艺品的过程，令人印象深刻。

阿木爷爷本名王德文，山东聊城人。他自 13 岁开始学习木匠手艺，至今已有 50 余年，练就了一身炉火纯青的本领。起初，阿木爷爷只是想打发老年闲暇时间，并为孙子打造独一无二的木制玩具，但在儿子的影响下，他开始学习拍摄、剪辑并上传视频。"无心插柳柳成荫"，这种无意识的传播焕发了神奇的力量，并受到海内外无数观众的喜爱。他手工打造的鲁班凳、将军案等工艺品让海外人士眼界大开；他为孙子制作的小木马、卡车、手摇泡泡机、乌篷船、滑板车等小玩具也别有一番趣味。因为制作了由 42 根榫卯棱、4 根榫卯柱、1 个榫卯基和 27 道锁环环相扣构成的世博会中国馆模型，阿木爷爷被誉为"当代鲁班"，受到海内外无数人的敬佩。[①]

如今，阿木爷爷在海外社交媒体平台 YouTube 上有 165 万粉丝（图 2-2），最热门的视频《阿木爷爷榫卯打造一座木拱桥，全程无钉子，高手在民间【阿木爷爷 Grandpa Amu】》播放量接近 6,000 万（图 2-3），产生了巨大的正向影响，促进了我国传统木工手艺和榫卯技艺的国际化传播。阿木爷爷在海外的爆火，也为其吸引了国内观众的眼球，加上《人民日报》等主流

---

① "阿木爷爷，老手艺自有高光时刻 [EB/OL].（2020-07-28）[2023-08-06]. https://baijiahao.baidu.com/s?id=1673455242894664195&wfr=spider&for=pc.

媒体的集中报道和采访，阿木爷爷多次登上国内外热搜榜，引起大量关注。

图 2-2　阿木爷爷 YouTube 账号粉丝量[①]

图 2-3　阿木爷爷 YouTube 热门视频[②]

二、案例分析

作为我国非遗国际化传播的成功案例，阿木爷爷的视频在海外"出圈"

[①] 阿木爷爷 Grandpa Amu［EB/OL］.（undated）[2023-08-06].https：//youtube.com/@GrandpaAmu?si=I1odd-xH2D7C1ZDH.

[②] 阿木爷爷 Grandpa Amu. 阿木爷爷榫卯打造一座木拱桥，全程无钉子，高手在民间【阿木爷爷 Grandpa Amu】［EB/OL］.（2020-08-12）[2023-08-06].https：//youtu.be/PYkgEf3eWqA?si=dB7uPLCR3Uk6_y9P.

是多方因素共同作用、互相影响的结果，其对非遗题材视频的运营思路也具有典型的借鉴价值。

（一）技艺高超，独特创新的视觉震撼

阿木爷爷的手艺充满神秘、神奇的东方色彩，让浸淫在现代工业文明中的西方人感受到了其中蕴含的中国传统智慧和天人合一的生活方式。[①] 在这样的背景下，阿木爷爷视频内容中所体现的高超榫卯技艺成为其视频出圈的根本原因。神奇的技艺自带"神奇力量"，在引发多维度、全方位关注的同时，阿木爷爷的视频把中国文化输出至全球。非遗传播不需要"洪钟大吕""阳春白雪"，而是"润物细无声"地将非遗技艺融入生活，阿木爷爷敬业、创新的工匠精神，以及对中华优秀传统文化的热爱和自信，支撑着他坚持日复一日地对非遗进行着传承，这也是其视频吸引人的原因。

（二）借助数字技术，创新利用 KOL 模式

如今，新媒体和数字技术已成为非遗传播实践的核心渠道。借助 YouTube 平台，阿木爷爷传播非遗具有多重优势。作为全球最大的视频分享平台，YouTube 能够让阿木爷爷的视频轻松触达全球观众，吸引海内外亿万受众群体，将中国的非遗传播至世界各地。同时，YouTube 赋予阿木爷爷灵活的自主创作空间，他可自由选择多样化的呈现形式，灵活展现"非遗"文化。此外，数字化平台传播成本较低，阿木爷爷能够以相对较小的成本将内容传播给更多人，且 YouTube 上的视频可以长期保存，并随时被观众访问，这种持续传播的特性使得阿木爷爷的视频内容可长期影响、吸引观众。

创新利用 KOL 宣传的模式也让阿木爷爷在传播非遗时获得了更大流

[①] "63 岁中国爷爷成油管网红"的两点启发［EB/OL］.（2020-07-13）［2023-08-06］.https://j.eastday.com/m/1594628766025561.

量，达到了更好效果。自阿木爷爷制作鲁班凳和世博会中国馆模型的视频爆火后，他便吸引了无数热爱榫卯技艺或中华优秀传统文化的粉丝，并打造了文化聚集圈，利用平台算法和推送机制，精准推送内容，帮助非遗"破圈"。视频平台自带的社交性也鼓励观众在评论区互动、留言，提升粉丝黏性，有助于将内容传播给更多人，促进更广范围的非遗传播。

综上所述，阿木爷爷借助 YouTube 这一海外新媒体平台传播非遗，将中华非遗推向全球舞台，吸引更多人关注、参与和保护非遗，为中华非遗的传承与传播做出积极贡献。

（三）创新叙事语言，以去工业化的方式打动人心

随着经济和科技的迅速发展，人们生活节奏日益加快，工作和社交压力不断增加，这种现代化节奏的生活方式常常让人感到紧张、疲倦、焦虑，人们渴望找回一份宁静与平和。阿木爷爷用木工手艺在 YouTube 上展现了一种去工业化的生活方式。通过他的视频，观众可以看到古老的木工手艺以及平静的乡村生活，这些内容与现代生活形成鲜明对比，勾勒出一种慢节奏、亲近自然、重视传统的景观，带领观众进入一个令人向往的宁静时空，感受非遗背后的文化传统所带来的安宁与愉悦。

不仅如此，阿木爷爷借助视频载体，顺应时代趋势，创新叙事语言，使视频内容更加生动有趣。传统非遗科普类教育视频习惯于平铺直叙地讲解某项非遗的历史由来、发展历程、文化内涵、当代价值等，以"说教"的形式实现非遗科普，容易导致观众的疲劳和厌倦，起到反向传播作用。而阿木爷爷跳出传统的"旁观者"视角，以"创作者"的身份，通过"实打实"的制作，让观众身临其境地感受非遗的魅力。观众不再被枯燥说教和单向知识传递所束缚，而是通过观察、模仿和动手实践来学习，这种视频叙事方式调动了观众了解、学习、传承非遗的积极性和主动性。

同时，阿木爷爷的视频内容也引发了人们对中华优秀传统文化的关注和思考。在全球化和快节奏生活的冲击下，许多中华优秀传统文化逐渐被边缘

化,甚至消失。这些文化承载着民族的历史、智慧和独特价值,是人类文明的宝贵财富。阿木爷爷所传播的内容,让观众意识到传承和保护非遗的重要性,让更多人开始关注传统手工艺的传承、传统村落的保护以及非遗的振兴。他的木工视频成为一扇窗口,让全球观众能够了解中国非遗,从而唤起人们对多元文化传统的珍视和保护,也进一步增强了我国文化在国际上的影响力。

(四)有故事,有跨越文化和语言的共鸣

众所周知,在新媒体时代,"视觉"的传播能力高于"语言"的传播能力。作为一种视觉表现形式,木工手艺具有直观性和图像性,无须翻译,就能跨越文化和语言的障碍。观众通过观看阿木爷爷在视频中展示的制作过程和作品,可以直接感知和领略到木工技艺的魅力。

与此同时,阿木爷爷的视频中不仅展示自己的木工手艺,还展现了自己和孙子的生活故事,这种表现方式成功地将非遗传承与家庭生活相结合,进一步增加了视频的情感叙事内容,使其更具人情味和亲切感。祖孙间真挚的情感和默契,以及血脉间文化的传承,让许多观众感受到家庭的温暖和情感联结,特别容易产生共鸣。在许多西方发达国家,由于家庭结构的变化和文化习俗的差异,祖孙间的关系并不如东方普通家庭亲密。在阿木爷爷的视频里,外国观众能够看到中国传统的家庭关系和天伦之乐,产生对这种亲密情感的向往,在观看视频时也更能感受到治愈和平和。阿木爷爷的不少视频下都有外国观众留言:"我也想要个这样的祖父,每个人都需要一个这样的祖父!"

(五)植根民族文化,重视细节呈现

历史和实践表明,只有民族的才是世界的。凡是植根于本土文化、深耕于本土文明的宣传,常是富有底蕴的传播,总能收获世界更多的掌声。[①] 阿

[①] 王子龙."阿木爷爷"启示录[EB/OL].(2020-07-17)[2023-08-06].https://tougao.12371.cn/gaojian.php?tid=3449113.

木爷爷的视频均没有宏大的叙事，而是生活日常的记录和做工细节异彩纷呈的呈现。不同于许多忽略过程、跳跃步骤、只展示最终成果的视频，在阿木爷爷的视频中，其制作过程完整清晰，更加贴近生活。

起初，阿木爷爷的儿子出于传播效果的考虑，计划在视频中增加剧情，弱化做工过程，但阿木爷爷坚持多拍细节，"要让大家看得更清楚些"。厚重的木材若使用电锯开缝只是几分钟的事，但阿木爷爷坚持用自己的手工锯，费时费力，却更精细严谨。① 无论是榫卯技艺还是其他技术，阿木爷爷都毫不藏私——当遇上询问图纸的观众时，他会大方分享；观众有任何疑问，他都尽力详细解答。他想让更多的人看到甚至学会，真正将这一非遗技艺传播出去。

将神奇技艺的奥秘和细微处悉数呈现于世人面前，这无疑是最朴素的科学精神。"互联网撞上传统工艺"固然是阿木爷爷走红出圈的初始密码，但更重要的是，阿木爷爷做到了既倾心于技艺细节的传播，又融情于数字时代的特性。这种不孤芳自赏的态度，利用数字媒体将非遗的精华一一铺陈开来，必然引来更多共鸣，让更多人读懂中国非遗，爱上中国非遗。

三、结语

阿木爷爷以其卓越的木工手艺和深厚的中华优秀传统文化底蕴，赢得了全球网友的广泛赞誉和喜爱。他不仅仅是一个技艺高超的木艺大师，更是一个传播中国文化的使者，用双手和智慧向世界展示着中国传统文化的魅力。事实上，阿木爷爷的影响力已经远远超出了 YouTube 平台：他的视频作品被各大媒体转载报道，引起了广泛的社会关注；他的粉丝遍布全球各地，不仅包括华人圈，还有来自不同国家和地区的网友；他的成功不仅是个人的荣耀，更是中国文化的骄傲。

---

① 透过"乡味"短视频，看到新农人的别样生活［EB/OL］.（2020-12-14）［2023-08-06］. https://m.gmw.cn/baijia/2020-12/14/34459151.html.

我国本就是具有深厚文化底蕴的国家，中华民族许多传统技艺等非遗都极具美感，还有很多像阿木爷爷这般认真传承、创新传播非遗的典范，像杨柳坚持独竹漂，浑身是伤也在所不惜；像李子柒质朴无华、自耕自种、向世界展现中国文化……非遗所带来的快乐、愉悦、自豪等，和其是否具有昂贵的商业价值无关，但和民族、国家密切相关，让世界认识这些宝贵的文化是中国人的责任所在。

案例二　守正创新，融会贯通
——自得琴社海外破圈路径与启示

一、案例简介

（一）古琴艺术

古琴是中国古代文化地位最崇高的乐器，位列四艺"琴棋书画"之首，被视为高雅身份的象征、贵族和文人的精英艺术。[①]古琴是汉民族最早的弹弦乐器，是汉文化中的瑰宝，距今已有3000多年的历史。唐宋以来，历代都有古琴精品传世，存见南北朝至清代的琴谱达百余种，琴曲达3,000余首，还有大量有关琴家、琴论、琴制、琴艺的文献，遗存之丰硕堪称中国乐器之最。[②]2003年11月，古琴艺术作为表演艺术与传统手工艺入选第二批人类口头和非物质遗产代表作名录，并于2008年被纳入人类非物质文化遗产代表作名录。

古琴艺术不仅是中国传统音乐的精华，还凝聚着中华优秀传统文化，其

---

① 古琴艺术传承人姚公白在深讲述"琴文化"[EB/OL]．(2018-12-26)[2023-08-06]．https://baijiahao.baidu.com/s?id=16208825434091031048wfr=spider&for=pc.
② 楚小庆．中国古琴艺术的基本范畴及其美学内涵[J]．南京艺术学院学报（音乐与表演版），2010（4）：10-16，183.

中所蕴含的音乐意境与思想、涉及的文化与哲学都是一般民族乐器与音乐门类难以比拟的。然而，随着时代的发展，古琴艺术的传统记谱方式、演奏形制、思想内涵等对其传承和传播造成了一定的阻碍。如何让被视为"精英艺术"的古琴艺术重新走进千家万户，是保护、传承、发展古琴艺术亟待解决的问题。

（二）古琴艺术的海外传播与网络传播

古琴艺术的海外传播最早可追溯到公元600年，古琴与当时的宫廷礼乐一起被传入朝鲜，并由朝鲜传入日本。到了唐朝，随着唐朝政治、经济的迅速发展，古琴艺术也更加繁荣。[①] 此后，西班牙、法国等西方国家也出现了与古琴艺术相关的文献书籍。进入20世纪，随着中国国门的开放，大量的中国留学生走出国门，成为中西方交流的桥梁，极大地促进了古琴的海外传播。1977年8月，美国宇航局发射的"旅行者1号"无人探测器所携带的铜质"地球之音"唱片中收录了一首代表中国的古琴曲《流水》，这表明古琴在中国音乐中的代表性地位也是被国际社会所广泛认可的。1998年，我国著名古琴演奏家、国家级非物质文化遗产项目古琴艺术代表性传承人龚一在维也纳金色大厅奏响古琴，让更多人听到古琴的声音，感受中华优秀传统文化的魅力。

进入21世纪，随着互联网技术的不断发展，古琴艺术作为中华优秀传统文化，如何让其实现创新呈现与创新转化仍然是一个重大课题。2002年，北美琴社与人民网合作直播了第一场线上古琴音乐会，开创了古琴传播史的新纪元。[②] 随后，一批古琴网站和与古琴相关的博客相继出现，其创立者大多是专业古琴演奏者或古琴团体，如现代泛川派女琴家丁纪园主持的"中国古琴网"、古琴演奏家赵家珍的搜狐博客"赵家珍古琴艺术"、中

---

① 王媛媛.古琴艺术的海外传播状况及其意义［J］.齐鲁艺苑，2016（4）：14–20.
② 郑敏.网络环境中古琴音乐的传播与继承［J］.黄钟（武汉音乐学院学报），2013（2）：146–153.

山大学澄心琴社创建的新浪博客等，网站与博客的内容大多聚焦于琴乐与琴乐文化的传播以及古琴相关活动的信息发布等。这些专业性的古琴艺术网站与博客，凭借互联网跨时空、传播速度快、传播范围广等特点，让古琴艺术在其爱好者之间的传播更加便捷广泛。然而这种专业性强、媒介形式单一的传播形式仍具有局限性，难以突破古琴爱好者的圈层，难以让古琴走进大众的视野。然而，这一相对闭塞的局面随着自媒体时代的到来发生了转变。

（三）自得琴社的海外破圈

2014年10月8日，朱里钺、唐彬、蔡珊因热爱中华传统文化而相聚，"自得琴社"就此诞生。社长朱里钺大学时的专业是计算机而非古琴，但随着学习的深入，古琴成为他难以割舍的爱好。蔡珊是古琴专业科班出身，唐彬则是狂热的古琴爱好者，两人都师从国家级非物质文化遗产代表性传承人龚一。最初，自得琴社的主要任务是古琴教学，然而这种小范围的教学一方面难以支撑琴社继续存活，另一方面社会上仍然存在许多对古琴的误认、误用、误解。为了改变这一现状，自得琴社决定拍摄视频并利用自媒体进行宣传和营销。①

截至2023年7月31日，自得琴社在YouTube视频平台上拥有66.6万位订阅者（图2-4），在其发布的137个视频中，单个视频最高播放量为1,415万，作品总播放量超过8,800万。②古琴随自得琴社的视频"漂洋过海"，在全世界掀起"古画音乐"的风潮，被数百万来自不同文化背景的外国友人所喜爱。在自得琴社的视频里，有时一架琴、一位演奏者，静静抚琴；有时演奏者身着考究的中国传统服饰演奏民乐，妆容精致，恍如画中

---

① 王喆宁.美到惊呆老外！被称为"音乐圈李子柒"的自得琴社，凭啥火出圈？[EB/OL].（2021-06-14）[2023-08-06].https://mp.weixin.qq.com/s/JiKvJFCFA04gzi3p1aUd0Q.
② 他们为何得奖｜自得琴社：国风音乐出海，新生力创出新势力[EB/OL].（2023-02-28）[2023-08-06].https://m.thepaper.cn/baijiahao_22106417.

人。中国的昆曲、古典舞蹈也常与古琴音乐共同演绎东方之美，引发无数中外网友惊艳道"中国文化是如此独特而美丽"，更有外国网友因自得琴社而对中国文化产生兴趣，甚至开始学习中国民乐。随着自得琴社在海外影响力的不断扩大，2022年，自得琴社受德国汉堡市政府邀请参加2022 China Time艺术节，以线上作品演绎和互动形式，与国际音乐同行和爱好者进行深度交流（图2-5）。古琴是中华优秀传统文化的缩影之一，音乐是世界人民的共同语言，自得琴社秉持着传播中华优秀传统文化的初心，助力中国传统高雅艺术"走下神坛"，走入生活，走向世界。

图2-4 自得琴社YouTube主页①

---

① 自得琴社Zi De Guqin Studio［EB/OL］.（undated）［2023-08-06］.https://youtube.com/@Zideqinshe?si=WjrhkTfeIGHZpnjI.

图 2-5　2022 年自得琴社参加德国 China Time 艺术节 ①

二、案例分析

纵观自得琴社在 YouTube 视频平台上发布的作品，其表演内容可分为古曲新编、中国音乐改编、外国音乐改编以及原创音乐四类，其表演形式主要可分为"画中乐"（装束还原表演）与琴乐独奏（纯音乐演奏，细节展示）两类。对自得琴社海外平台所发布的视频主题、形式、数据及评价进行分析，并与国内 B 站平台进行对比，我们可以探索和总结出自得琴社海外破圈的路径与启示。

---

① 自得琴社：国风音乐出海，破圈爆红海内外［EB/OL］.（2023-02-28）［2023-08-06］. https://mp.weixin.qq.com/s/pf4PsGecuegal9GTGWpI1A.

表 2-1 自得琴社 YouTube 视频平台热度排名前 10 的视频（截至 2024 年 7 月）

排名	标题	上传时间	播放量（万）	点赞量（万）	评论量	视频类型
1	《不染》——古琴独奏述深情《香蜜沉沉烬如霜》主题曲	2018.10.23	1,539	34	8,951	中国音乐改编 琴乐独奏
2	【古琴 Guqin】《天行九歌》——古琴深情独奏《秦时明月》主题曲｜自得琴社	2018.3.9	611	9	2,595	
3	【古琴 Guqin × 竹笛 Chinese flute】《无羁》The Untamed– Touching music played by Chinese instruments 陈情令主题曲	2019.7.28	493	16	4,284	
4	【古琴 Guqin】《初见》——古琴深情独奏《东宫》主题曲｜自得琴社	2019.3.17	437	10	2,142	
5	【古琴 Guqin 筝笛鼓】《空山鸟语》'Birdsong in hollow valley'——Beautiful Chinese court music style 宫廷雅乐风 宋代装束 秦时明月	2019.5.26	306	7.5	5,180	中国音乐改编 画中乐（第一个画中乐作品）
6	【古琴 Guqin】《卧龙吟》Depicting Zhuge Liang's soundtrack in the Romance of the Three Kingdoms 犹闻辞后主，不复卧南阳	2019.4.30	261	3.4	1,298	古曲演奏 琴乐独奏
7	【古琴 Guqin】《梅花三弄》Famous traditional Chinese music depicting plum blossoms	2018.11.13	244	2.3	697	
8	【古琴 Guqin 笛箫琵琶筝鼓手碟】天宝一梦盛世相逢《缘起稻香》，超沉浸视听体验带你梦回大唐｜自得琴社	2021.7.30	187	4.6	1,488	中国音乐改编 画中乐
9	【古琴】《如来藏》Music full of Zen	2018.6.30	163	1.3	505	古曲演奏 琴乐独奏
10	【古琴 Guqin 筝哨笛巫毒】《多啦 A 梦之歌》ドラえもんの歌 Doraemon theme song and cat lovers，costumes of Tang Dynasty 唐代装束复原	2020.1.22	135	6.6	2,325	外国音乐改编 画中乐

（一）立足传统，创新演绎艺术内容

在自得琴社的视频中，有许多运用古琴及其他中国传统乐器再现现代音乐的作品，它们大致可分为两类：东方音乐再现，如《不染》《无羁》《云宫迅音》《长安十二时辰幻想曲》《空山鸟语》等；西方音乐再现，如《海德薇格主题曲》《歌剧魅影》等。这两类视频的传播效果十分突出，自得琴社对古琴演奏内容的创新，一方面能够借助作品以及 IP 的影响力吸引更广泛的受众，挖掘潜在爱好者；另一方面，传统乐器演奏的独特音色能够给观众带来与原作品不同的听觉体验，引起观众的兴趣，引导观众更加深入地了解古琴艺术。

根据 YouTube 视频平台的数据，《卧龙吟》《梅花三弄》《如藏》等传统古琴曲颇受海外人士的喜爱。对于海外人士而言，他们对古琴艺术沉闷、严肃的刻板印象较少，大部分尚处于认识古琴艺术的初级阶段，因此他们对于古琴演奏的感受更为直观，也更加沉浸于古琴音乐带来的舒适感与意境感。出乎意料的是，海外人士对于展示古琴演奏细节的琴乐独奏似乎情有独钟，这也体现了他们对于古琴这一艺术演奏形式的好奇。有部分海外人士因此爱上古琴艺术，并开始学习古琴。传播、传承古琴等非遗仍需立足于传统内容与文化内涵：创新内容只是"诱饵"，用来吸引更多的观众走近古琴艺术；而经久不衰的传统内容与文化内涵才能留住真正爱好古琴艺术的人们；同时，在传承发展的过程中也需要赋予中华优秀传统文化新的时代特征，为其注入不竭的传承、传播动力。

（二）守正创新，打造沉浸式文化体验

自得琴社最初的"走红"和"破圈"是依靠还原历史的服化道所营造出的"古画音乐"风格。自得琴社的社长朱里钺在采访时曾解释道："以我浅见，'国风'本质上应当是诠释完整的中国美学体系，是中华民族智慧和生

命哲学的外显。"① 而以中国装束复原为形式的视频创作则是自得琴社对中国美学体系理解的完美呈现。通过中国装束复原团打造的演奏者服饰、妆发造型，以及视频组创设的绢帛质感背景、书法字体搭配等画面语言，再加上符合音乐意境的动作互动，自得琴社打造了一套"古画式视觉输出"系统，被国内外的网友称作"会动的古画"，形成了自得琴社独具一格的创作风格，深受网友们的喜爱（图2-6）。这种"画中乐"的形式通过营造演奏场景将演奏音乐的内涵和意境进行可视化，为观众打造了沉浸式的文化体验空间，深化观众的感官体验，帮助海外网友更好地理解古琴艺术，并建立更深层次的情感联结。同时，此类"画中乐"作品对于汉服、昆曲、舞蹈、投壶、射箭等其他中华优秀传统文化的海外传播也带来了一定的积极影响。

图 2-6　自得琴社宋代装束复原②

（三）扬长聚势，多媒体渠道破圈宣传

自得琴社的社长朱里钺在接受《环球人物》采访时曾表示，他真正意识到琴社的破圈是在接到越来越多的媒体采访开始，随之而来的是更多的合作机会和更大的表演舞台。自媒体的传播囿于垂直受众与算法，多呈现出圈层

① 他们为何得奖｜自得琴社：国风音乐出海，新生力创出新势力［EB/OL］.（2023-02-28）［2023-08-06］.https://m.thepaper.cn/baijiahao_22106417.
② 王喆宁.绝美到惊呆老外！被称为"音乐圈李子柒"的自得琴社，凭啥火出圈？［EB/OL］.（2021-06-14）［2023-08-06］.https://mp.weixin.qq.com/s/JiKvJFCFA04gzi3p1aUd0Q.

化、小众化的特点，难以实现跨年龄、跨受众的"出圈式"传播，因此要实现破圈传播就有赖于多媒体渠道的整合。自得琴社因古琴悠扬、闲适的艺术特点与演奏视频的唯美画面在海外迅速"破圈"，被称作"音乐圈李子柒"，而后反哺国内流量，引起了国人的关注，陆续获得了国内主流媒体、杂志的报道，并在2020年、2021年、2022年三次登上央视中秋晚会。他们的线下音乐会《琴为何物》在2022年开启了全国巡演，大麦评分高达9.1分，受到了全国超过10座城市的欢迎，吸引了更多的古琴爱好者。

（四）社群运营，强化用户体验与黏性

自得琴社的破圈并不是一蹴而就的。他们与中国装束复原小组第一次合作的《空山鸟语》虽然获得了不错的反响，但观众也给出了许多建议，例如取消画面中的麦克风架，不留有任何现代音乐设备（图2-7）。琴社和观众一次次的沟通磨合，造就了自得琴社如今精美如工笔画般、乐音如身临其境般的视频作品。

图 2-7　自得琴社《空山鸟语》视频截图①

除此以外，自得琴社几乎在每一条视频作品的评论区都提供免费的古琴

---

① 自得琴社 Zi De Guqin Studio.【古琴 Guqin 筝笛鼓】《空山鸟语》'Birdsong in hollow valley'——Beautiful Chinese court music style 宫廷雅乐风 宋代装束 秦时明月［EB/OL］.（2019-05-26）［2023-08-06］.https: //youtu.be/7tG8r3VBvEI?si=yvH_rgylctJb_uif.

曲谱，并引导订阅者关注公众号，这不仅为古琴爱好者提供了深入了解和学习古琴艺术的机会，也有利于与观众进行更深层次的沟通和交流，了解观众兴趣所在，并根据观众的反馈，有针对性地进行作品的调整与创作，强化了用户的体验与黏性，实现更优质的传播效果。

三、结语

  自得琴社是一个充满活力和创新精神的国风乐团，他们以独特的演奏方式和深厚的文化底蕴，成功地将传统民乐与现代审美相结合，让古琴艺术焕发出新的光彩。首先，自得琴社在演奏技艺上展现了很高的水平，他们不仅技艺娴熟，更能够深入理解音乐作品的内涵，通过精湛的演奏技巧，将音乐中的情感与意境完美地呈现出来。其次，自得琴社在传承和弘扬中华优秀传统文化方面做出了积极的贡献。他们通过演奏传统曲目和创新改编，让更多人了解和欣赏到中国古典音乐的魅力。再次，他们还注重将传统文化与现代元素相结合，创作出了一系列深受年轻人喜爱的音乐作品，让传统文化在现代社会中焕发出新的活力。最后，自得琴社还积极参与各种文化活动和演出，为观众带来了精彩纷呈的视听盛宴。他们的演出不仅具有极高的艺术价值，更能够让人们感受到中华文化的博大精深和独特魅力。

  破圈的奥秘在于跨界和敢于创新。自得琴社凭借着"民乐新编＋装束复原＋国风文化＋幽默风格"，将传承与创新融会贯通，创造了自己独树一帜的风格，获得了人们的喜爱。而自得琴社的海外破圈也让人感叹音乐作为世界共通语言的力量：来自世界各地的人们聆听中国传统乐器古琴的演奏，在脑海中描绘出一幅具有中国意境的画面，感受中华文化的沉稳内敛，沉醉于中华文化的无限魅力。

第三章
非遗数字化传播案例

- 案例一 数字赋能手工艺类非遗——依文集团助力贵州苗绣活化利用
- 案例二 当非遗搭上"元宇宙+文旅"快车道——秦淮灯会主题数字藏品
- 案例三 虚实结合——非物质文化遗产实体展示空间中的数字化应用

案例一　数字赋能手工艺类非遗
——依文集团助力贵州苗绣活化利用

一、案例简介

苗绣——苗族历史文化的表现形式之一，也是苗族妇女勤劳智慧的结晶。从纹样收集到数据库建设，从建立生产线到销往海内外，依文集团多年持续参与当代苗绣的保护、传承、传播和创新。本案例将从依文·中国手工坊的建设和"青岩·寻坊"国潮主题街区的开发两方面入手，对非物质文化遗产苗绣的创新传播与开发进行解读，探索手工艺类非物质文化遗产的创新发展路径。

（一）贵州苗绣

苗绣是指中国苗族民间传承的刺绣技艺。2006年，苗绣被列入第一批国家级非物质文化遗产代表性项目名录。贵州苗绣分为雷山苗绣、花溪苗绣和剑河苗绣等不同流派，分别流传于贵州省雷山县、贵阳市和剑河县，各自具有不同的形式和风格。

花溪苗绣挑花图案有猪蹄杈、牛蹄杈、牛头、羊头等，其基本针法为十字针。数纱而绣，不用底稿，反面挑、正面看，就能使整件挑花作品更加美观精巧，具有追念先祖、记录历史、表达爱情和美化自身等功用。① 剑河苗绣以藏吉色织布为载体，银白色的锡丝绣在藏青色布料上，极其华丽高贵。与其他民族刺绣不同，剑河苗绣是用金属锡丝条在藏青棉布挑花图案上刺绣而成，其核心图案犹如一座迷宫，充满强烈的神秘意味。② 就技巧而言，雷山苗绣更具特色，其刺绣图案在形制和造型方面大量运用各种变形和夸张手法，并大胆使用多维立体造型和"型中型"的复合手段。雷山苗绣图案主要以龙、蝴蝶、鸟、虫、鱼、鸡、蛇等动物图案和花草、葫芦等植物图案为主。③

（二）依文·中国手工坊

依文·中国手工坊是依文集团于2006年创立的中国传统手工艺传承与赋能平台，聚焦传统手工艺等非物质文化遗产保护，始终致力于研发产品、创新设计。由依文·中国手工坊搭建的线上数据库系统，收录了8,000余种民族纹样信息，展示着22,000余名绣娘和她们擅长的技艺，全球的设计师和合作者都可以在这里参与"中国创意·全球设计"。

（三）"青岩·寻坊"国潮主题街区

在贵州省委、省政府和贵阳市委、市政府的支持下，贵州依文手工坊与贵阳市旅游文化有限公司共同成立了贵州贵绣产业发展有限责任公司，双方共同在"青岩·寻坊"景区内打造的沉浸式国潮时尚街区、苗绣产业基地，于贵州旅发大会开幕当日（2023年4月6日）正式开放。④ 国潮主

---

① 苗绣（花溪苗绣）[EB/OL].（undated）[2023-08-06].https://www.ihchina.cn/project_details/13987/.
② 苗绣（剑河苗绣）[EB/OL].（undated）[2023-08-06].https://www.ihchina.cn/project_details/13988/.
③ 苗绣（雷山苗绣）[EB/OL].（undated）[2023-08-06].https://www.ihchina.cn/project_details/13989/.
④ 依文集团助力贵州省打造文化旅游新IP[EB/OL].（2023-04-07）[2023-08-06].https://mp.weixin.qq.com/s/riFFer4T_I_7wWKH3KaW-w.

题街区分为贵绣产业基地、深山集市和依文·中国手工坊体验空间三个部分。

二、案例分析

依文集团对苗绣进行保护与开发的过程大致可以概括为三条主线：一是借助田野调查、数字技术等方式对非遗资源进行收集整合的"地基"阶段；二是打造完整生产链条，逐步形成产业的扩大传播、扩张消费的"膨胀"阶段；三是通过搭建场景，实现经济效益与社会效益相长的"飞跃"阶段。三条主线循序渐进，相互交融，促成了苗绣活化发展的良好态势，也为手工类非物质文化遗产提供了一条发展路径。

（一）数字赋能：搭建苗绣数据库

从2003年起，依文集团在黔西南深入村寨，通过田野调查等手段收集苗绣纹样，并逐步运用数字技术在线上搭建中国手工艺者和手工艺元素纹样数据库。截至2023年，线上数据库平台已经录入22,000多名绣娘信息和8,000余种纹样信息（图3-1）。

值得注意的是，苗绣数据库并不只是简单地记录和保存纹样。以"方吉鱼鸟"为例，当地其实并无相应的文字记载，但依文团队根据口口相传的歌谣和老人讲述的故事，在尊重非遗本身特征的基础上，将其提炼成一个可应用的色稿，并将此类符号的所指用详尽的语言阐释记录下来，以便后续的开发和利用。

苗绣数据库具有资源信息库和市场信息库的双重属性，为苗绣的保护传承、传播扩散、创新开发奠定了不可或缺的基础。一个良好的非遗数据库建设具备标准化著录、结构化存储、多元化检索查询、网络化访问共享等功能。首先，苗绣形态的数字化记录保证了烦琐复杂的纹样在传承过程中不失样、不失品，确保了苗绣技艺的完整性，还为手工艺者间的代际传承、标准化培训提供了便利。其次，数据库聚合了碎片化的信息，方便查询，集中优势资源，为苗绣的成系列、针对性传播提供了可能。再次，信息传输的在线化避免了生产、销售、消费间的信息鸿沟。最后，绣娘数据库的建设将一个个技艺精湛的绣娘聚合起来，使其个体价值逐步转化为群体价值，创造了"规模效益"，有助于进一步转化为产业价值。

图 3-1　依文·中国手工坊数据库[①]

一个标准化、规范化并具备可持续扩展和提升的非遗数据库，在健全数据分享动力机制方面，实现了资源的共建共享，并在推动市场化探索、场景化利用方面发挥着基础性作用。苗绣数据库的建设也为后续与国际时尚业接轨和园区建设提供了可能。

---

① 依文·中国手工坊［EB/OL］.（undated）［2023-08-06］.https://www.evefashion.com/ywzgsgf.

（二）美美与共：非遗融入时尚圈

2017年，45套中国传统纹样服饰在庆祝中英建交45周年的"绣梦"主题时装秀上，首次以时装形式登上国际舞台。此后，来自全球各地的企业团队来到贵州，感受这一独特的民族文化，并与依文集团进行广泛而深入的合作。

借助中国手工坊平台，中国传统手工艺和手工艺人以浓墨重彩的方式展现在世界面前，让全球的时尚界认识到中国美学的时尚感和震撼力。苗绣数据库作为中华民族美学基因库，其中丰富的纹样元素为全球时尚设计师提供了源源不断的设计灵感（图3-2）。中西美学的交融迅速吸引了国际市场的关注，在非遗国际交流蒸蒸日上的同时，苗绣的产业链在全球市场进一步扩大，也由传统的链式结构转变为了多元主体网络协同并行式的结构，苗绣搭上了社交平台、电商平台、媒体平台的快车，改变了以往"订单式销售"的粗放式经营，实现了"线上+线下"的商业模式。同时，消费者也进入了生产端，其个性需求成为创意设计、生产制造的重要决策参考，这也促进了产品的持续迭代升级，形成了传播促进消费、消费带动传播的叠加循环效应。

图3-2 "苗韵时尚·绣梦贵州"时尚大秀[①]

---

① Fashion Info｜"苗韵时尚·绣梦贵州"时尚大秀以时尚语言，赋能贵绣产业［EB/OL］.（2023-04-26）［2023-08-06］.https://mp.weixin.qq.com/s/maWODM9z5RbL4PtSnlgPpA.

（三）以文促旅：打造国潮体验街

新芝加哥学派将"场景"纳入区域发展及城市创意社区的研究范畴，并系统构建了场景理论，通过量化分析的方式获得社区的文化特征和价值取向。"青岩·寻坊"国潮主题街区通过构建本土场景、数字化虚拟场景的方式，融合"食、游、购、娱"的多元业态，综合科技、视听、社交等方面打造全面联动的景区系统，构建了沉浸式的氛围。国潮主题街区分为三个部分，第一个板块是"贵绣产业基地"，涵盖了上千个产品，包含时装、鞋子、家具、玩偶等类目，承担了消费空间的功能；此外，基地内设有设计师空间，设计师和绣娘在这里共创产品。第二个板块是"深山集市"，拥有24种业态，包括山里时光百货、月下歌会、时尚大秀、深山奶茶、咖啡等，旨在将深山内的生活带入国潮主题街区，为人们提供新型消费体验。第三个板块是"依文·中国手工坊体验空间"，游客可以在此体验贵绣产品的制作过程，或和绣娘共同完成一个作品。

国潮主题街区内设有互动屏和数字墙，展现着依文·中国手工坊打造的民族美学纹样数据库，回顾了依文团队近20年挖掘、整理、创新、应用、再设计的历史，展现了依文团队通过数据化、产品化、IP化、产业化为苗绣赋能的努力（图3-3）。这也形成了一个情感空间——具有纪实性、跨时空性和直观性的图片、影像资料真实生动地再现了苗绣的艺术表现和价值内涵，营造极具感染力的氛围，让消费者获得仪式传播的体

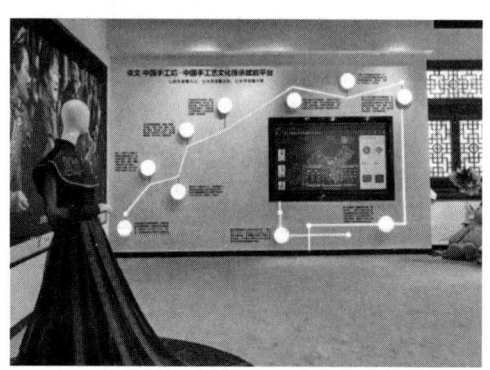

图3-3 依文·中国手工坊——中国手工艺文化传承赋能平台①

---

① 图片来源：依文·中国手工坊2024｜美，让世界看见［EB/OL］．（2024-02-28）［2024-03-06］.https://mp.weixin.qq.com/s/nN4WMVTnJONy8MNk1Q86Ww.

验,最大限度地唤醒情感共鸣,形成了良好的传播效果。随着数字化和智能化程度的不断加深,依托不同技术的场景传播得到线上线下的双维度开发,助推当下非遗品牌解决传播效能不足的现实困境。国潮主题街区这一线下场所作为大众接触和了解非遗苗绣的场景,还可以通过数字技术实现观者的多感官融入与交互式体验。

"青岩·寻坊"于2015年6月正式开放,但因各种原因经营困难,在2019和2020年间有大量商户退出。依文·中国手工坊依托现有资源与政府进行合作,在"青岩·寻坊"打造集文化旅游、艺术展示、文创设计、产品开发与生产、非遗传承、产品销售于一体的完整产业链,建立了全球苗绣研发设计中心、贵州非遗时尚发布中心、贵州文化旅游创意产品集散中心、贵州民族手工艺订单交易中心、贵州手工艺产业培训、研学基地等,并植入民族IP、国潮IP系列活动,力求汇集全球商业力量共同讲好贵州故事,成为贵州极具吸引力的创新消费与文旅休闲目的地,期望打造国家级产业示范基地、文旅融合的标杆项目及国有与民营企业合作盘活闲置低效项目的示范。

三、结语

依文集团助力贵州苗绣产业化发展,不仅是一项富有远见的商业决策,更是对民族文化的传承与发扬。这一举措不但为贵州苗绣这一非物质文化遗产带来了新的生机与活力,而且也为地方经济的繁荣与可持续发展注入了动力。在这一过程中,依文集团不仅注重产品的品质和创新,更重视文化的传承和弘扬。他们深入挖掘苗绣背后的历史文化内涵,将其与现代设计理念相结合,打造出了既具有民族特色又符合现代审美趋势的苗绣产品。同时,他们还积极推广苗绣文化,通过举办展览、开展文化交流活动等方式,让更多人了解并喜爱苗绣。

以苗绣为代表的手工艺类非物质文化遗产是人类文明的载体与见证,其产生、存在和发展与所属时代的社会环境和人文环境息息相关。实际上，大多数的非遗手工业在工业化的冲击下，生存空间被急剧压缩；手工艺类非遗具有依赖传承人言传身教与耳濡目染、传播范围小等瓶颈问题。依文与苗绣的合作为手工艺类非遗发展提供了经验借鉴，其通过拥抱数字技术和产业开发，建立数据库和集生产、传播、消费、互动体验的消费场景等方式，尽力克服手工艺类非遗的发展限制，触及更广泛的受众，提供全新的文化体验，让传统文化走进现代社会生活的中心，推动非遗的赓续传承。

案例二　当非遗搭上"元宇宙+文旅"快车道
——秦淮灯会主题数字藏品

一、案例简介

秦淮灯会是南京地区的民俗文化活动，又称"金陵灯会"，主要集中在每年春节至元宵节期间举行。历史上的秦淮灯会主要分布在南京秦淮河流域，20世纪后主要集中在夫子庙地区，目前已经扩展到"十里秦淮"东侧五里地段。

NFT，全称为Non-Fungible Token，即非同质化代币，是用于表示数字资产的加密货币证书，可以理解为虚拟世界里资产的所有权证书，特点在于"唯一性"。

2022年初，南京夫子庙文化旅游集团有限公司与网易星球数字平台合作，发布以秦淮灯会为主题的数字藏品。该数字藏品主要有两大特征：一是数字存档。由于花灯材质难以长久保存，加上难以符合现代人的实际应用环境，实物灯彩很难流传下来，将每年的灯组以数字化方式留存、传递，不仅有利于收藏者随时随地鉴赏，还可使灯组以数字生命形式在传播中延续。二是以虚促实。数字藏品购买者有机会获得南京中国科举博物馆的线下参观权益，以线上虚拟数字资产的发行来促进线下实体文化旅游产业的发展，虚实结合打造数字经济新增长极。

二、案例分析

（一）文旅数字化创新是大势所趋

网易星球作为网易旗下的元宇宙入口，在数字藏品领域积累了丰富经验；网易星球通过公益助力非物质文化遗产保护，打造"艺术＋公益＋非遗"的数字藏品新生态。

围绕非物质文化遗产，网易星球与多个文化和旅游单位签约，创作了一系列艺术作品，支持非物质文化遗产在数字环境中的传承和传播。到目前为止，网易星球已经完成了"艺术＋公益＋非遗"的数字藏品生态元宇宙，为数字藏品、数字人等在内的各个产业提供数字生态领域的一站式服务。当今世界正在经历一场不可逆的数字化转向，从现实到元宇宙、从数字转化到价值传递，网易星球数字藏品的上线，将给这个火热的赛道带来新的尝试。

南京夫子庙文化旅游集团有限公司为推动文旅经济数字化转型，不断开拓文旅融合、数字应用新场景：从让城市"亮起来"的"1.0 时代"夜游经济，到设置"网红打卡点"，打造"MO 音琵琶街"，整合新文创、新零售的"2.0 时代"网红经济、注意力经济，再到如今，夫子庙结合自身的文化基因，运用数字化和区块链技术，开拓文旅消费新空间，开创文旅新业态，即将进入"3.0 时代"数字经济。①

（二）数字藏品赋能景区宣传推广，弘扬当地传统文化

南京夫子庙文化旅游集团有限公司还携手复星集团 BFC 阅外滩、网易星球等合作伙伴共同打造了"首届元宇宙艺术展"，探索现代艺术、公益慈

---

① 首发！《秦淮灯彩》系列数字藏品正式上线［EB/OL］.（2022-05-24）［2023-08-06］. https://mp.weixin.qq.com/s/ybTLcSM1PHnAJBDlsOxgOw.

善和非物质文化遗产等领域的数字化协同发展模式，共同构建数字藏品内容生态系统（图3-4）。

图3-4　文旅集团首发非遗数字藏品①

2022年5月23日，《秦淮灯彩》系列数字藏品正式上线网易星球数字平台，赋能非遗传承、探路元宇宙，开启"数字文旅"新探索。以秦淮灯会为题，夫子庙文旅集团邀请了秦淮灯彩江苏省级非遗传承人陆敏与新生代美学主理人杨天娇，在数字环境中创作一系列支持非遗传承、传播的艺术作品（图3-5）。当省级非遗传承人陆敏的代表作荷花灯，遇上新生代美学主理人杨天娇的现代化诠释，以木刻版画的方式进行创作，运用流行艺术的大面积色块，并采取洒金和幻彩的抽象手法，凸显秦淮河与荷花的灯彩灵感，表现花灯上的金箔和云锦两大特色非遗技艺，以超越时空的方式展示秦淮灯彩。

图3-5　秦淮花灯系列发布②

①② 数字文旅｜探路元宇宙——夫子庙文旅集团首发数字藏品［EB/OL］.（2022-05-20）［2023-08-06］.https://mp.weixin.qq.com/s/IBy49h0zXAuAgDIg_c-7JQ.

图 3-6　秦淮·非遗馆①

"元宇宙"文旅本质是以数字化技术开创的文化旅游新业态。因此，在线上购买独一无二数字藏品的同时，藏家还有机会获得南京中国科举博物馆的线下参观权益，凭相应编号的数字藏品，前往秦淮·非遗馆兑换相应专属纸质门票，游览这一埋藏在地下的历史"宝匣"（图 3-6）。

（三）数字藏品为文化旅游产业赋能

数字藏品助力景区，实现了出乎意料的收入，而数字藏品玩法的多样性也增加了线下场馆吸引游客的可能性；数字藏品不仅为文化和旅游 IP 的建设赋能，还提高了消费者的认知度；同时，数字藏品获得有关用户行为的信息也具有独特的价值，运营商可以通过深入分析游客行为数据来确定目标用户的概况和结构，从而帮助企业做出商业决策，提高企业在市场上的竞争力。因而，数字藏品成为连接博物馆、旅游目的地和文化创意产业的黏合剂，并为文化和旅游业创造了新的氛围。利用这一趋势，文化和旅游产业发展也将在数字化的基础上进行多种转型。对于文旅景区来说，可利用数字藏品带来的曝光量和关注度实现更好的宣传效果，从而激发游客的线下出游意愿，形成"线上获客，线下消费"的有效循环，提高营收。文旅景区借助自身所拥有的 IP 文化标识以及消费者口碑，把产品变成藏品，并利用当地特

---

① 数字文旅｜探路元宇宙——夫子庙文旅集团首发数字藏品［EB/OL］.（2022-05-20）
　［2023-08-06］.https://mp.weixin.qq.com/s/IBy49h0zXAuAgDIg_c-7JQ.

色景致、文化、名人、节日等元素不断拓宽和延展数字藏品内容，不断赋予产品更多的情绪价值、文化价值，持续与消费者沟通，推动文旅 IP 高质量发展，实现高效传播，为景区持续引流。

三、结语

秦淮灯会主题数字藏品不仅保留了秦淮灯会的传统韵味和美学特色，还通过数字技术的创新表达，让更多人能够欣赏和体验到这一非物质文化遗产的魅力。这些数字藏品还融入了现代科技元素，如虚拟现实、增强现实等技术，让观众能够在数字世界中身临其境地感受秦淮灯会的氛围。这种全新的艺术表现形式，不仅让传统文化焕发出新的活力，还为观众带来了丰富的艺术体验。此外，秦淮灯会主题数字藏品还具有收藏价值和文化传承意义。它们不仅是艺术品，更是中国传统文化的载体。

从数字化保存到数字化传播，再到数字化创新，数字媒体技术与艺术高度融合的可行性越来越高。"科技与艺术齐飞，民俗共 IP 一色"①，如今，夫子庙结合自身的文化基因，运用数字化和区块链技术，开拓文旅消费新空间，开创文化旅游新业态，加速进入"3.0 时代"数字经济。

---

① "数"说秦淮灯会：科技与艺术齐飞，民俗共 IP 一色 [EB/OL].（2020-01-19）[2023-08-06].https://mp.weixin.qq.com/s/OLviNm5guRpvAQti-qvlsA.

案例三 虚实结合
——非物质文化遗产实体展示空间中的数字化应用

一、案例简介

作为向公众阐释文化遗产、实现信息与知识传播的重要方式——展示场所的兴建成为非遗保护乃至传统文化振兴的一个热点。"传统博物馆"模式与文化遗产保护理念间的分歧由来已久,"远离真实""固化遗产"等论点不绝于耳,特别是对于以维系生命力为保护目的的非物质文化遗产,其无形性、动态性、时空性等特征,决定了可视化媒介、体验性展项以及"虚拟+现实"的场景在非物质文化遗产展示中将被大量应用,"马街书会"的数字影像展示、"哈尼卡乐园"的交互式展示等成为非物质文化遗产实体展示数字化的可借鉴案例。

(一)"马街书会"数字影像展示设计

"马街书会"起源于元代延祐年间,至今已有700余年历史。每到正月十三,远近的曲艺人负鼓携琴来到河南省宝丰县马街村,以天作幕,以地为台,以曲会友,亮书卖书。京韵大鼓、山东琴书、三弦书等40多种曲艺、曲种和上千部传统及现代曲目在这里集中展现。千座书棚，吹拉弹唱，人头攒动，热闹非凡，"马街书会"的宏大场面成为中国曲艺文化史上的一大奇观。

如何在实体空间中展示马街书会？马街书会现场是北方冬季的麦田和村镇，范围很大，书棚自由凌乱，人们随意行走驻足，摄影、摄像所得素材存在着画面缺乏重点、同期声嘈杂等问题，如果直接展示，不但无法让参观者直观理解这一传统曲艺文化空间的规模、特点与价值，而且无法让参观者感受到书会在特定文化背景之下的独特艺术魅力。

这就引出了在以展示为媒介的信息传播过程中，技术参与信息加工的必要性问题。比如，利用数字虚拟影像制作技术，可以实现内容的提炼与内涵的凸显：可设计为俯视角航拍的虚拟效果，虚拟视点由远及近，由广袤的中原概貌，拉近到宝丰县马街村，再到麦田之中，虚拟视点穿过密密麻麻的书会人群，带领参观者聚焦一个个说书人、听书人的特写画面。宏大叙事与微小叙事相结合，将传统曲艺的精气神通过说书人投入甚至夸张的表情、听书人专注甚至痴迷的表情传递出来。甚至还可以加入田野调查片段对话，例如"听书人口中的说书人"等。

在多媒体展示基础上，我们还可利用三维动画技术，将人物面部特征和动作抽象后动画化，制成特征鲜明且抓人眼球的展示素材短片；也可利用全息投影、3D投影、VR虚拟现实等技术，为用户带来沉浸式的马街书会互动体验空间。

（二）"哈尼卡乐园"交互式展示模型

清华大学信息艺术设计系研究生娜文，在张烈、史元春老师指导下制作的毕业设计"哈尼卡乐园"，是一个面向民俗博物馆实物模型交互式展示的探索方案。它结合了达斡尔族传说故事和哈尼卡纸偶艺术，为体验者呈现出具有奇幻色彩的纸艺空间。该空间也是可以交互的实物用户界面，体验者可以像玩纸偶游戏一样将人偶移动到空间中的特定场景进行角色扮演，并根据系统反馈的提示信息找到隐藏的道具开关，完成更多互动，从而体味达斡尔族的传说故事和民俗风情。①

以奇幻的视觉和交互体验，传播口头传统中的典型意象和手工技艺中的代表性手法，形成现代科技辅助下的新型传统文化展示空间，其最终目的是吸引参观者进入场景情境，在互动游戏体验中，达到知识传播等目的。

二、案例分析

（一）非物质文化遗产数字化展示的优势

1. 遵循非遗活态保护规律

非物质文化遗产有别于物质文化遗产，与非物质文化遗产相关的制成品、原料、工具、场所、道具、服饰、文本等物质存在，并不是非遗保护的核心，也不是展示的核心，非遗传承人的表演、制作的过程，才是非遗项目的主体，是展示与传播的核心内容。因而，数字化展示方式旨在利用现代数字视听与交互传播方式展示传承人的传习状态，且无须打破传承人正常的生产生活，将非遗的表现形态与内在魅力传递给参观者。

2. 体现现代展陈设计趋势

对于当代各门类博物馆乃至整个展览业而言，数字科技手段等无形展陈运用的广度与深度都在不断拓展中。数字技术等运用的频度不断提高，展区设计中交互区域面积的不断增加，无形展陈设计风格也在很大程度上影响着博物馆的整体艺术设计风格。甚至可以说，数字化展示是展陈环境与氛围营造的能手。对于非遗实体展示空间而言，在墙壁介绍文本基础上，可以利用

---

① 娜文. 民俗博物馆实物模型互动展示系统 HanikaParadise[D]. 北京：清华大学，2015.

讲解声、背景声效、背景音乐、影像等媒体文件类阐释语言共同构筑故事情节、引导情绪升发。

3. 适应当代信息传播特征

网络信息获取的便捷性，决定了参观者对展览传播信息的内容与形式提出了更高的要求。只有把符合现代传播理念与受众需求的展示形式相结合，才能使非遗博物馆类展示机构受到公众的欢迎。国外，现代技术促进非遗类信息共享的实例可以追溯到20世纪的民族、民俗博物馆。例如，荷兰国立民族学博物馆就主办了一个基于计算机网络的"亚欧博物馆"（ASEMUS）平台，以促进收藏信息共享。另外，借助"全球体验"，该馆与欧洲的文化少数群体建立了联系，并且把展览与艺术、文学、喜剧和音乐活动融为一体。[①] 又如，美国印第安人博物馆，在很早之前就试图实现实物展品与虚拟数字化信息之间的平衡。[②]

4. 实现保存文化记忆功能

现代数字科技手段强大的辅助实现功能，使得数字资源具有很高的记录、呈现与创造能力，一定程度上，可以实现将非遗项目的"无形"向"有形"的转变，将非遗项目以可视、可听的非遗数字资源的形式进行固化。为数字化展示而挖掘生成的数字资源，已然成为博物馆一类重要的展品资源。借助多媒体数字化手段记录和展示活态的非物质文化遗产，为人类未来保存珍贵的文化记忆、历史价值和人文价值，提供了不可估量的技术保障。

（二）不同门类非物质文化遗产的数字化展示方式

不同门类的非物质文化遗产，形态差别较大，数字化展示的方式也存在

[①] 亚历山大 AP, 亚历山大 M. 博物馆变迁：博物馆历史与功能读本[M]. 陈双双, 译. 南京：译林出版社，2014：83.

[②] 亚历山大 AP, 亚历山大 M. 博物馆变迁：博物馆历史与功能读本[M]. 陈双双, 译. 南京：译林出版社，2014：85.

很大的差异性。对于传统工艺技艺类而言，交互体验是设计的亮点，如手艺的多媒体虚拟教程与实物制作的体验；传统表演艺术类主要围绕视听体验进行设计，如曲艺中的方言就是一个可以做数字化衍生展示的亮点；传统节庆仪式类的数字化展示设计，则旨在营造情景模拟的最佳效果，如民间元宵社火、节庆庙会盛况的多媒体数字化展示，其中场景营造与氛围营造的到位与吻合是一个关键点。

1. 工艺技艺类

传统工艺技艺类非遗项目需要将繁复、精妙的"手艺之美"传达出来，因而，只求制成品的有形展陈显然是不够的。对传统工艺技艺类非遗项目目前主要有三种解决方式：第一种方式是让手艺持有人配合参观需求常驻展馆表演，这种做法有可能会妨碍手艺持有人的正常生计与传承秩序；第二种方式是将传习所、传承人工作室直接设在展示空间内，但参观者并非时时都能看到手艺展演的"高潮"部分，通常看到的只是普通工作场景而已，违背展示传播的初衷；第三种方式是借助数字多媒体手段，将凝练的、精彩的过程演示通过媒介投放在展览中，在影像之外还可升华为交互体验。

体验是加深理解的良好手段，因而，交互体验是工艺技艺类项目展陈设计的重要环节，手艺的可视化虚拟教程可与实物真实操作体验相互配合。目前，许多博物馆都开辟了手工制作空间，但在可视化的体验引导设计方面还有待加强。

2. 表演艺术类（包括口头文学类）

传统表演艺术类主要围绕视听手段来呈现，但并不止于视听。有时候，空间设计无法完全满足不同表演类型对舞台场景与表演氛围的要求，比如，一些以走街形式结合传统节庆进行的群体性表演，无法以固定的舞台、戏台等设计空间来承载，这就需要更立体化、多维度、跨时空的虚拟展示手段来呈现（图3-7）。

图 3-7　在"摆手舞"体验展项中使用体感识别技术 ①

"内行看门道,外行看热闹",特别是地方传统表演艺术,需要兼顾本地参观者与观光客来诠释这些项目,为参观者提供多元化、多层次的展示信息。由于展示空间有限,除实物外的各种介质的衍生信息需要通过数字交互设备等手段来完成。比如曲艺中的方言,就是一个可以做无形衍生展示的亮点。

举例来说,苏州评弹主要面向江苏南部、上海及浙江中北部地区的"老听客",基本覆盖吴方言区域,对于旅游者,吴方言体验是了解评弹的重要切入点。苏州评弹的内容多为地方特质浓郁的传说故事,又包含了许多"外乡人"从字面上无法理解的地方俚语、内涵段子等。对于本地参观者,唱腔唱调、经典片段的交互视听体验可能会很有"市场";而对于旅游者,加入综合感官元素、立体虚拟影像后的书场场景再现,会帮助他们在短时间内建立对这一陌生的表演形态的形象化印象。

3. 节庆仪式类

传统节庆仪式类,较之表演类项目,时间与空间"场"的概念更为明显,展陈设计的一个重点是营造情景模拟的最佳效果。例如:民间元宵社火

---

① 非遗展示空间中的数字化应用 [EB/OL].(2019-03-25)[2023-08-06].https://www.ihchina.cn/project_details/18444.

图 3-8　在元宵社火展示中使用幻影成像技术①

（图 3-8）、节庆庙会盛况的多媒体数字化展示，其中，场景营造与氛围营造的到位与吻合是一个关键点。

基于时间轴线的进程与基于地理空间的路线本身就是节庆仪式文化事项的重要组成部分。例如，"中国民族民间文化重要品种空间信息整编"项目对江西省南丰县石邮村的跳傩习俗进行 GPS 追踪勘测，通过科技手段，该项目第一次保留了这项民俗活动的行进信息。如果对该系统进行二次开发，既可为参观者提供历时性、空间性、可视化、全息化的习俗展示，又可直接用于实地导览，为游客实时提供所处位置的非物质文化景观信息，让游客感受到如影随形的"文化导游"提供的贴身服务。

（三）非物质文化遗产展示内容与新兴数字化技术的结合

1. 非遗与 VR

在内容层面，我们可以试着探讨 VR（虚拟现实技术）与非遗展示之间如何结合这一现实问题。

非遗里面有丰富的民间生产生活，是体验传统生活的载体；有梦幻的神话故事形象，是体验中国式科幻的载体；有精妙的传统科技智慧，是体验思维探索的载体。因而，非物质文化遗产的艺术形态与思维特点决定了其在 VR 内容领域的潜力。如果就此搭建一个非遗 VR 体验空间，观者就可以走入非遗，VR 体验空间就如同先进的科技馆、电影博物馆一样，会在吸引大

---

① 非遗展示空间中的数字化应用［EB/OL］.（2019-03-25）［2023-08-06］.https://www.ihchina.cn/project_details/18444.

众、吸引青少年方面表现出色。

此外，面向青少年，交互体验的重要方式是网络游戏。单霁翔在《从馆舍天地走向大千世界》一书中，引述了一个英国遗产基金会以开发网络游戏来吸引青少年关注并走入博物馆的案例：据英国文化部统计，2007年，只有35%的青少年参观过一个博物馆。英国遗产基金会推出"让电脑游戏吸引青少年走入博物馆"活动，旨在关注十几岁的青少年。所设计的电脑游戏以青少年为目标，借助经典的神话，使用3D效果，使人感觉真实地参观当地文化遗产，在网络上取得了良好的反响，点击率达到上百万次。[①]因而，在非遗实体展示空间中引入VR技术，较之纯粹的虚拟旁观，加入游艺性的情节设计和交互环节往往会收效更佳。

2. 非遗与AR

AR（增强现实技术）与VR是不同的概念，VR是指创建完整的、身临其境的3D环境，而AR是指使用各种硬件技术来创建一个基于真实世界的、带注解的或者"增强的"复合场景。[②]

假设虚拟现实技术无限发展完善，那么就展示功能而言，其对实体空间的需求就会降到一个相当低的程度，加之自然用户界面（NUI）等感官体验技术的辅助，博物馆实体展示空间的存在价值将不断被虚拟展示所取代。在上述技术迭代过程中，增强现实技术或可扮演博物馆及其他实体展示空间"吸引物"的角色，基于这个技术，博物馆实体构景与强大的虚拟内容开发，将维系实体展示空间作为信息与知识传播媒介未被取代的存在价值。

AR在非遗实体展示空间中可应用的方式很多，在基于现实而又超越时空限制阐释遗产方面具有极大的潜力。例如，让博物馆中常见的实体场景"活起来"，参观者可在实景中与虚拟舞者一同翩翩起舞；也可让场景中曾经发生的故事情景再现，让与遗产项目相关的历史背景变得鲜活而生动。

---

① 单霁翔.从馆舍天地走向大千世界［M］.天津：天津大学出版社，2011：422.
② MULLEN T.增强现实：必知必会的工具与方法［M］.徐学磊，译.北京：机械工业出版社，2013：1.

3. 非遗与 NUI

NUI（自然用户界面）改变了内容的呈现方式及参观者与展示内容之间的互动方式，提供了体验式接触、空间探索、动作模拟等虚拟实现的可能性。

就非遗展示而言，NUI 使得手工制作视频观看和简单信息交互有了提升的空间，虚拟手工制作体验将使不适合在展示机构中体验的内容得以实现，例如，卢浮宫"安地诺面纱"展览中使用微软 Kinect 使得参观者接触数字形式的古希腊挂毯[1]；利用 NUI 可以进行微观世界的探索，例如，核雕内部空间的虚拟微距动态探索，观者被雕刻的细节彻底折服；运动控制类交互界面则可用于体验舞蹈等肢体动作形式，例如，《国家地理》杂志"天堂鸟"展览中的"舞蹈，舞蹈的演化"游戏，可控制一只虚拟的 3D 鸟进行真正的求偶舞蹈仪式。

这一领域较为简单的应用案例还包括：互动桌面提供节庆仪式的大场景及兴趣点探索；体感识别提供参观者学习肢体动作类非遗项目的体验，高速相机可捕捉观众模拟体验时的动作；还有目前较为常见的虚拟服饰的穿戴体验，即时拍摄的照片可直接打印或发送至参观者的邮箱等。

三、结语

在非物质文化遗产实体展示空间中增加数字资源内容和相关展示媒介，更多的是在资源与媒介、内容与技术之间搭设一座桥梁，优化重组信息与知识，促进人们对无形文化资源的尊重。通过更为适当的语言与方式来阐释这类遗产，类似于科学普及，是一种普及传统的行为。

---

[1] MULLEN T. 增强现实：必知必会的工具与方法 [M]. 徐学磊, 译. 北京：机械工业出版社，2013：36.

第四章
非遗新空间案例

- 案例一　打破传统演艺模式诠释非遗新潮流——越剧《新龙门客栈》
- 案例二　非遗与城市融合的新据点——绍兴非遗客厅
- 案例三　传统手工艺主动谋求转型发展——土布纺织技艺传承人郑芬兰和她的传梭博物馆
- 案例四　南国狮醒，非遗新活力——永庆坊赵家狮非遗生活馆

案例一　打破传统演艺模式诠释非遗新潮流
——越剧《新龙门客栈》

一、案例简介

（一）越剧《新龙门客栈》

越剧《新龙门客栈》是由浙江省文化广电和旅游厅指导，著名越剧表演艺术家、杭州蝴蝶剧场掌门人茅威涛领衔，浙江小百花越剧院、百越文化创意有限公司、一台好戏极致演艺文化传播（上海）有限公司联合出品的新国风·环境式越剧，改编自香港新派武侠电影《新龙门客栈》。电影《新龙门客栈》被誉为香港新派武侠电影的开山之作，讲述了明代中期，各路武林豪杰及东厂高手在位于大漠中的龙门客栈内尔虞我诈、各显本领的故事。[①] 越剧《新龙门客栈》以此为蓝本进行创新，将原著的核心武侠精神通过主创团队的理解融入具有江南灵秀特点的越剧当中，开创性地打造环境式越剧新空间。

越剧《新龙门客栈》在戏曲内容上寻求创新的同时，也对空间形式进行了改造，"新龙门客栈剧场"（图4-1）是蝴蝶剧场专门为越剧《新龙门客

---

① 龙门客栈搬来了西湖边，这是什么文旅新玩法！［EB/OL］.（2023-03-23）［2023-08-06］.https：//mp.weixin.qq.com/s/S9Rt6Gg98UrLjt3RHDJu5w?scene=25#wechat_redirect.

栈》打造的新型舞台空间，该空间打破传统剧场的空间样式，将整个剧场制作成暗藏各种玄关的客栈，客栈将观众席容纳于其中，打破了观、演分割的传统空间布局，观众与演员共同置身于舞台空间当中，集体化身成为故事进展的一部分，进一步增强了观众的沉浸式观感体验。

图 4-1　新龙门客栈剧场[①]

（二）越剧的传承与创新

被国外誉为"中国歌剧"的越剧经历 100 多年的发展已经积累了十分丰厚的历史价值和文化底蕴，但随着外来剧目的增多和本土戏剧的发展，越剧也面临着创新改革问题。受现代文娱产品的冲击和影响，传统越剧在当下发展过程中逐渐显现出剧目数量欠缺、主创创新能力不足、戏曲院团市场竞

---

① 越剧《新龙门客栈》为何火到一票难求？主创团队揭秘［EB/OL］.（2023-11-29）［2023-08-06］.https://mp.weixin.qq.com/s/BOtcnFFIqslm_b3U9iL-0w.

争力较弱等问题。为应对以上问题，浙江省文化广电和旅游厅印发了《加快推进越剧繁荣发展五年行动计划（2023—2027）》（以下简称《计划》），意图将浙江省第一大剧——越剧打造成为浙江重要文化标识和浙江文艺精品高地建设的标志性成果。①《计划》中提到，越剧发展思路要打开，加快越剧与相关领域融合，探索"越剧+"特色产业发展道路，《新龙门客栈》便是越剧在改革创新进程中的重要范例。这部由电影IP改编而成的环境式越剧将武侠豪情与江南秀丽有机融合，通过对已有故事的新式叙述并结合颠覆性的戏曲舞台空间吸引大批年轻群体前来观演。根据首演至2023年的数据（图4-2），越剧《新龙门客栈》观演群体中20-40岁的观众占绝大多数，该剧真正做到了拥抱时代与观众，为非遗创新发展树立了具有借鉴意义的典范。

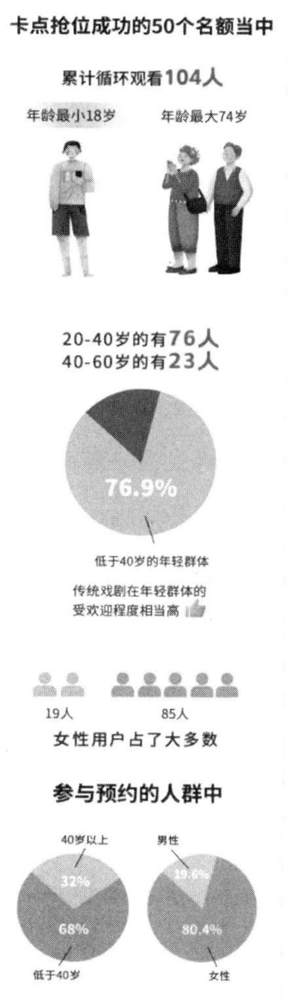

图 4-2　越剧《新龙门客栈》观众统计数据②

---

① 《新时代戏曲市场"台州现象"主题研讨会》圆满举办［EB/OL］.（2023-06-26）[2023-08-06].https://www.baidu.com/link?url=XeHq0sZpluLICOL1JVKoGoWXJQRuQnz2nMAJJhC1RpVSPb7njXdjGYn9jWX9XSHu2Z6ER8On2RXo3jdEi1xBuo9zMhGyoyS3GPIprxYVAoO&wd=&eqid=e26be61b0043ac0e0000000364b17ee3.
② 2秒抢光！这场演出"座无虚席"［EB/OL］.（2023-05-29）[2023-08-06].https://www.sohu.com/a/679891344_121106832.

二、案例分析

传统越剧多取材于中国神话故事、民间传说，如《白蛇传》《梁山伯与祝英台》《追鱼》等。在繁荣时期，越剧一度成为国内广泛流行、雅俗共赏的艺术形式。然而随着新媒体时代的到来，越剧逐渐在戏曲的影响力和传播度以及舞台空间的延展性和交融性上受到越来越大的限制，绝大部分剧院更倾向于上演西方戏剧及本土话剧，对传统戏曲则持较为冷淡的态度。制作方的选择来源于观众的反馈，当代青年受西方主流艺术审美和现代艺术的影响，早已不习惯传统戏曲的艺术表现形式，年轻一代更青睐故事内容极具张力、情节曲折新奇、形式标新立异的戏剧与话剧。

面对如此的发展困境，越剧也在努力破除局囿，越剧《新龙门客栈》便是一次颠覆传统越剧演出形式的新国风·环境式戏曲演出。该剧不仅在题材选择上别出心裁，摒弃以往的经典剧目范畴，放眼于影视 IP；而且在剧场演出空间打造上也采取了十分先锋的"环境式"观剧体验理念，构建了"新龙门客栈剧场"，该剧场是专属于越剧《新龙门客栈》的演出空间，剧场将演出舞台与观众席融为一体，为观众营造真正的沉浸式观剧体验；同时，主创团队在新龙门客栈剧场基础上进行延伸拓展，建造了可供观众举办观剧沙龙、进行观后讨论的沙漠咖啡馆。

本案例将具体从越剧《新龙门客栈》的内容题材创新、实体空间改造、未来发展可能三方面进行分析，探究戏曲类非遗如何更好地在新媒体时代实现创新传播。

（一）越剧与影视相融合，打造新国风戏曲

越剧《新龙门客栈》延续了传统越剧形式，采用"全女班"的演出班底——不论是登台演出的演员，还是幕后制作的工作人员，抑或是剧场内的

服务人员，无一例外均为女性。这一形式不仅传承了越剧传统，也呼应了当代社会重视女性的热议话题。

有着灵秀典雅特征的越剧在承载《新龙门客栈》这一极具磅礴豪情的西北风电影内容时，巧妙地将表现重点落在了人物之间的情感纠葛上，但这并不意味着越剧《新龙门客栈》的改编抛弃了原本电影中扣人心弦的打斗场面，主创团队结合武术舞蹈和戏曲中经典的"刀枪把子"来表现武打戏份，使表演在不失原著精华的同时又增添戏曲韵味。

越剧《新龙门客栈》的主创团队成员年龄在 35 岁左右，主创团队大胆地尝试社招青年演员的方式，期间虽有前辈老师的指导，但创作改编的核心内容基本由年轻人自主完成。起用年轻团队也是传统越剧焕发新生的关键因素，开放的思想和灵活的思维是当今非遗创新传播的必需品，越剧《新龙门客栈》正是因为年轻主创团队大胆创新的选材和改编才得以在市场中立足的，年轻化的非遗创新作品能充分理解年轻人的精神诉求和审美标准。因此，打造新式非遗传承传播需要更多新鲜血液的注入。

（二）表演与观演相结合，营造沉浸式体验

越剧《新龙门客栈》备受瞩目的另一原因就是其表演形式的创新。主创团队开创性地将环境式戏剧概念应用于《新龙门客栈》的改编当中，目的是突破既定框架，打破镜框式舞台演出，争取更多年轻观众参与观剧体验。环境式戏剧起源于英国，这种表现形式更加关注观众对演出角色的参与与体验，这也与越剧注重抒情和表现人物关系的特征不谋而合。导演茅威涛表示："《新龙门客栈》并不是跟风'沉浸式'和'环境式'，这部戏曲改编的底层逻辑是顺应当今时代和大众的生活方式，并努力探索跨越剧种的界限。"①

---

① 独家对话茅威涛｜我们试图探索改变年轻人对"看戏"的理解［EB/OL］.（2023-06-20）［2024-06-30］.https://mp.weixin.qq.com/s/4zJSdmg8_WF-gzbXT0zFLg.

环境式戏剧有六个要点：（1）为每出戏设计整个空间，包括表演空间、观众空间和技术空间；（2）人的身体是环境设计的依据；（3）设计环境应包括所有的空间意识；（4）环境的所有部分都是功能；（5）表演者是全部，应包括所有的空间意识；（6）空间随着戏剧而展开，环境设计是一个过程。① "新龙门客栈剧场"是为越剧《新龙门客栈》建造的专属演出空间，剧场一楼是客栈大堂和置于其中的观众席；二楼有供观众选择的包间，包间被建为客房样式，其中，贵宾包间正对着戏曲角色老板娘"金镶玉"的闺房。演出进行时演员就在观众身边，且在演出进程中演员也会与观众进行互动，强调观众整体的参与感，将观众纳入整场演出当中，不再设立观众独立于演出的分界线。

除了在剧场内为观众营造沉浸式体验外，《新龙门客栈》主创团队还考虑到了演出结束后的后续价值，因此在剧场基础上延伸拓展出了沙漠咖啡馆这一沙龙空间。观剧结束后，观众可以移步至咖啡馆进行观后讨论交流，且咖啡馆每周都会举办角色主题沙龙，角色演员会在对应主题周与观众见面，一起分享对戏曲内容的见解。

（三）戏曲类非遗创新传播须兼顾传统内核保留与内容形式创新

越剧《新龙门客栈》的成功首先是因为其背靠经典影视 IP，原著完善的戏剧结构和强大的市场号召力为戏曲改编预留了较大的弹性空间，并在戏曲上演期间发挥了显著的传播协助作用；其次是主创团队在题材选择和内容形式上做了大胆的融合创新，武侠电影与江南越剧的有机结合以及环境式戏剧表演形式极大地激发了观众的观演兴趣，传统越剧的"吟哦调"和环境式表演形式同时吸引了中老年观众和年轻观众，真正做到全年龄圈层的覆盖；最后便是因为戏曲在改编过程中最大限度地保留了原著与越剧的内核，使作品

---

① 许沁.从环境戏剧到沉浸式戏剧：对环境戏剧后现代式演进的思考［J］.西部文艺研究，2023（1）：189-194.

在具备创新性的同时也拥有可持续发展的生命力。当观众通过新颖的形式去了解中华优秀传统文化时，优秀传统文化及其衍生的优质精神内核既为文化传播发展奠定了持续性，又为文化传播创造了可能性。

三、结语

越剧《新龙门客栈》无疑是对传统戏曲形式的一次大胆革新。该剧将环境式戏剧的理念引入越剧，使观众能够身临其境地感受剧情，与剧中角色进行深度的互动，获得全新的沉浸式观剧体验。在演员阵容上，《新龙门客栈》展现出年轻化的特点，导演、编剧和演员都是新一代的越剧人才。这种年轻化的团队配置为越剧注入了新的活力，同时也使剧情和表演风格更加贴近现代年轻观众的审美需求。该剧在舞美、服装、音乐等方面也进行了现代化的改编：舞美设计立体逼真，为观众营造了一个真实的古代世界；服装设计既保留了越剧的传统特色，又融入了现代元素，使得角色形象更加鲜活；音乐上则结合了越剧的传统唱腔和现代流行音乐，既展现了越剧的韵味，又增加了剧目的时尚感。

戏曲类非物质文化遗产逐渐沉寂的原因是多方面的，既包含其内在因素，也涉及外部环境的影响。从内在来看，戏曲作为一种具有深厚历史底蕴的艺术形式，时代性和保守性并存。随着时代的变迁，戏曲的某些元素可能不再适应现代社会的审美需求，保守性又使得其在面对新观念、新技术时显得相对滞后。这种内在的矛盾使得戏曲在传承与发展中面临挑战。同时，外部环境对传统戏曲的影响同样不容忽视。随着现代社会的快速发展，人们的生活方式、审美观念发生了巨大变化，这对戏曲的传播和接受度产生了不小的影响。此外，新兴文化形式的涌现，也使得戏曲在多元文化竞争中显得力不从心。

在应对内外部环境时，我们需要做好守正创新，既保留传统戏曲的精华部分，也关注到戏曲自身的改编创新问题。在改编创新时，我们必须注重与原有艺术内核和形式的有效结合，确保创新的同时不失戏曲的本质。切忌为了博眼球而盲目创新，这样的做法只会为非遗传承增加阻力，甚至可能导致戏曲文化的异化。

因此，寻求传统非遗与新型观念的有效融合路径是非遗创新发展始终要努力的方向。这需要我们既尊重戏曲的传统精髓，又敢于尝试新的表现方式和传播手段，使戏曲在保持其独特魅力的同时，也能够适应现代社会的审美需求，从而焕发出新的生机与活力。

案例二 非遗与城市融合的新据点
——绍兴非遗客厅

一、案例简介

2019年8月,国务院办公厅发布《国务院办公厅关于进一步激发文化和旅游消费潜力的意见》,提出要推进消费试点示范,鼓励建设集合文创商店、特色书店、小剧场、文化娱乐场所等多种业态的消费集聚地。如今,越来越多的人抛弃景点打卡的旅游方式,选择深度体验之旅,非物质文化遗产成为备受青睐的旅游资源,非遗和旅游融合成为必然。与此同时,城市需要为旅游者拓展新的文化消费场景,让他们更好地体验当地文化。如何在非遗为旅游赋能的同时,让非遗成为触手可及的消费新风尚?2020年8月底开业的"绍兴非遗客厅"给出了一份与众不同的答案。

绍兴非遗客厅由绍兴市文化广电旅游局、绍兴市非物质文化遗产保护中心与越红茶叶博物馆联合打造,它依托绍兴古城的文化旅游资源,融合近30项绍兴优秀非遗资源,为本地居民和外地游客提供了一个文化体验和休闲消费的综合性场所。

二、案例分析

（一）嵌入商业场景，展现城市印记

在全域旅游的背景下，旅游者在市井之中感受城市文化的需求愈发凸出，相较于走马观花的打卡式游览，游客更希望在休闲消费中获得多样化的文化艺术深度体验，因此，城市要注重增加有品质的旅游公共空间和公共文化，以打造有品质的旅游目的地和促进游客停留与消费的整体氛围。[①] 将作为文化综合体的文化客厅嵌入商业场景和旅游场景，既满足了旅游者的情感需求，又为城市文化的宣传和推广提供了合适的空间和场所。

绍兴非遗客厅所在的绍兴古城迎恩门风情水街是绍兴新崛起的一个商业中心，规划之初便以"时尚购物＋古城文化＋旅游体验"为核心，建设一个商业综合体和两条滨河商业街。绍兴非遗客厅临河而立，由非遗集市和四大主题活动组成，为来到该地的市民和游客提供了一个参观和休憩的场所，也为绍兴文化展演和文化产品销售提供了一个综合性的平台。作为迎恩门风情水街的重要商户，绍兴非遗客厅以高品质的空间营造和独特的文化品牌，为丰富该商业中心场景业态、提升人们的空间体验感做出了应有的贡献，成为迎恩门风情水街的点睛之处。

"客厅"是一户人家的门面，具有高辨识度和个性化的文化内涵；城市文化客厅亦是一个城市的门面，反映了当地居民的生活态度，具有鲜明的城市气质。古老的绍兴传统文化以年轻、潮流、时尚的方式植入绍兴非遗客厅中，例如传统制茶技艺制成的茶叶化身年轻人喜爱的茶饮和甜品，外形古朴的花雕酒坛上绘有阿Q的卡通形象，无论是展销产品还是产品附带的文

---

① 马凌.旅游中的文化生产与文化消费[J].旅游学刊，2020（3）：9-11.

化元素，人们所见之物，无不绍兴，这凸显了绍兴非遗客厅的在地化特征。"客厅"也是迎接宾客的首要对外场所，承载着主人日常生活的点滴，城市文化客厅发挥着导览地方资源的作用，为旅游者提供融入当地生活的开端。游客可以在绍兴非遗客厅了解到颇具地方特色的绍兴曲艺，在乌篷船里窥见江南水乡的文化风韵。对当地非遗保护和旅游发展而言，绍兴非遗客厅具有资源导览功能，近30项绍兴优秀非遗资源聚集于此，有利于连接全域看点，为全市的非遗传承人提供产品展销的渠道，将顾客引流至绍兴全域。在此基础上合理布局文化客厅，可产生满盘皆活的带动效应。

（二）拓展空间功能，提升场所人气

如今的城市文化客厅已从单一功能的公共文化空间升级为多种功能组合的文化综合体，运营者需要结合居民、游客的需求和文化消费习惯，拓展空间功能，打造复合型文化消费场所。绍兴非遗客厅为非遗保护提供空间载体，在"茶馆+剧场"的固定空间基础上进行业态延伸，共设有"迎恩书场，越音悠扬""非遗空间，越艺巧作""茶道美学，越红演绎""非遗研学，越魂传承"四大主题空间和"绍兴文化旅游咨询服务点"，集产品展卖、研学基地、教育培训、旅游咨询等文商旅功能为一体，以吸引商流和客流。开业以来，绍兴非遗客厅平日每天有150人次客流量，当日若承接研学团队、技能培训时客流量则会更高一些。

多元化的空间功能和现代化的空间设计可以提高场所吸引力和人气值，这种吸引力又能促进消费者的消费，以高口碑带动新客源，实现良性循环。以绍兴非遗客厅内的"迎恩书场，越音悠扬"为例，该空间仿造绍兴传统书场而建，既可以作为绍兴优秀地方戏曲的演出场所，又能开展研学活动和教育培训，平日里也能为游客休憩品茶提供歇脚之处，该空间的高利用率有利于吸引戏迷、茶友、普通市民、外地游客等多层次、多样化的人群，以提升整体的聚客能力。

（三）鼓励社会参与，以先富带后富

在非遗保护和公共文化领域，政府部门不再是唯一参与主体，社会参与已经成为一种常态和共识，个人、法人、政府都可以是非遗保护利用设施的建设主体。绍兴非遗客厅采用政府引导和民间资本市场化独立运营相结合的方式，由绍兴市文化广电旅游局、绍兴市非物质文化遗产保护中心引导，越红茶叶博物馆开办，鼓励居民、企业、社会组织、专家学者等多元主体参与文化事业建设，有利于实现资源的高效配置，贴近市场需求，提升建设效率和质量。

由于非遗项目保护单位发展状况差异大，搭建绍兴非遗客厅这一综合性平台，旨在先富带后富，由效益好的主体承担带头人职能，促进全域非遗项目的保护和发展。越红茶叶博物馆是一家基于"越红功夫茶"制作技艺，由绍兴越江茶业有限公司投资建设的非国有博物馆。作为绍兴市级非遗项目越红功夫茶制作技艺的保护单位，越红茶叶博物馆的经营理念和经营状况均位于全市前列，有足够的资金和能力支撑非遗客厅的建设和运营。以"越红功夫茶"为核心，越红茶叶博物馆引入绍兴铜雕、嵊州竹编、越窑青瓷、王星记扇、会稽铜镜等全域非遗项目，一方面，可以为该场所提供丰富多样的文化资源，另一方面，可以为其他非遗项目的传承人或保护单位提供优质的售卖窗口和平台，形成互利共赢的局面。

调研中，绍兴市文化广电旅游局负责人说："不断活化利用和传承文化遗产，才能让'文化遗产消费'更好地融入日常生活场景，才能让非遗既源于百姓生活又造福于百姓生活。"绍兴非遗客厅就是非遗消费融入人们日常生活的一个典范，也是非遗与旅游融合的新据点。

三、结语

绍兴非遗客厅作为一个集中展示绍兴非物质文化遗产的新空间，无疑有利于传承和弘扬绍兴丰厚的传统文化。它不仅是一个展示非遗项目的场所，更是一个连接过去与现在、传统与现代的桥梁，让更多的人能够近距离地感受绍兴非遗的魅力。

首先，绍兴非遗客厅在展示内容上做得相当出色。这里汇聚了绍兴众多非遗项目，包括传统手工艺、地方戏曲、民间音乐等，每一个项目都经过精心策划，充分展现绍兴非遗的多样性和独特性。观众在这里可以欣赏到精美的越窑青瓷、聆听动人的绍兴莲花落，还能亲身参与制作传统工艺品，感受绍兴非遗的深厚底蕴。

其次，绍兴非遗客厅在展示形式上也颇具创新。它采用了现代化的展示手段，如多媒体互动、虚拟现实等，让观众能够以一种全新的方式体验和了解非遗。同时，绍兴非遗客厅还定期举办文化讲座、表演和体验活动，为观众提供了一个全方位、多角度了解绍兴非遗的机会。此外，绍兴非遗客厅在传承和弘扬"非遗"文化方面也发挥了重要作用。它通过展示、交流、培训等多种功能的融合，推动非遗的传承和发展。许多非遗传承人在这里找到了展示自己技艺的舞台，也吸引了更多的年轻人对各类非遗产生兴趣，从而参与到非遗的传承中来。

然而，绍兴非遗客厅在发展过程中也面临一些挑战。例如，如何既保持"非遗"文化的原汁原味，同时又满足现代观众的审美需求；如何在有限的空间内展示更多的非遗项目，让观众获得更多的选择和体验；如何更好地利用现代科技手段提升观众的体验感受等。如何利用这一新空间更好地传承传播绍兴非遗？首先要对非遗再认识，非遗要有场景展示、要有消费场景，要让人去感知、去消费、去体验。作为历史文化名城，绍兴文脉传承不绝，通过非遗集市、节日巡游、非遗门店等传承传播方式，不断推动绍兴非遗活化、诗化、创造性转化、创新性发展，让非遗成为文旅发展的新引擎。①

---

① 绍兴非遗"活"在城市生活中［EB/OL］.（2022-12-27）［2023-08-06］.https: //mp.weixin.qq.com/s/MFgWEVG1tvnIgwWiIolWOA.

案例三　传统手工艺主动谋求转型发展
——土布纺织技艺传承人郑芬兰和她的传梭博物馆

一、案例简介

（一）浙江土布纺织技艺传承人及其传承谱系

本个案研究的对象是浙江土布纺织技艺代表性传承人郑芬兰，她是第五批入选的浙江省级代表性传承人。郑芬兰是浙江省金华市磐安县人，出生于农村手工艺原生传承环境之中，在其幼年时期，家庭织布是一种自给自足的行为，家庭成员都穿着、使用着自制纺织品；与此同时，郑芬兰的出生地与同样隶属于金华市的义乌较近，义乌是全球最大的小商品集散中心，因为地缘优势，郑芬兰成年后即进入城市商品贸易环境之中，曾从事服装加工等行业，后又过渡到与传统手工艺相关的产业，创立了"小巷三寻"这一品牌。

在访谈中了解到，20 世纪八九十年代，郑所在的乡村迅速城镇化，在家庭致富、更新居住环境等过程中，其家庭成员有意识地完整保留了传统手工纺织工具，这为手工织布在郑家传承行为的恢复奠定了基础；21 世纪初，郑本人受到非物质文化遗产保护浪潮的影响，开始萌生回归土布纺织技艺相关传承实践的自觉意识，并带动家人恢复乡村手工艺相关生活、生产活动，有了后续的一系列营利性与公益性实践行为。根据郑的口述，其家庭传承谱系如图 4-3 所示，具体发展过程将在下文中详细梳理。

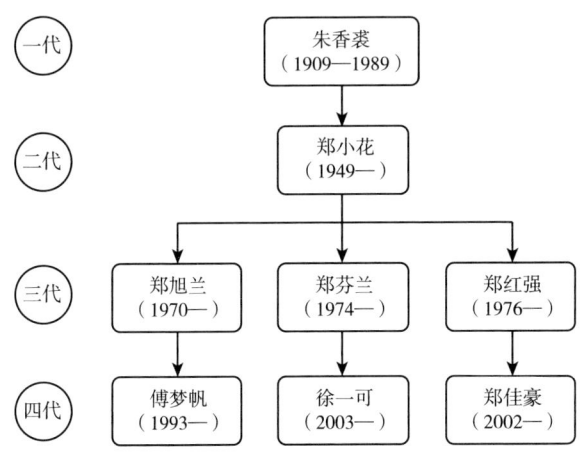

图 4-3　郑芬兰家庭传承谱系（杨红　绘）

（二）手工艺传承的象征物——梭

历史上，土布纺织几乎遍布全国各地，尤其是在大大小小的产棉区均有普遍且稳定的家庭传承；现代，棉纺织工业的发展使得越来越少的家庭维系自给自足的织布传统；当代，市场上销售的土布多为机械化生产，极少数手工的也是厂家或乡村合作社以集体、派单等方式生产的。本个案研究对象郑芬兰在各个时期也并不以土布纺织作为谋生方式，其在从事其他职业之余主要受个人爱好驱动，谋求在传统土布纺织技艺的传承上有所作为。除了前文所述的完整保留家庭纺织工具之外，她还自主自发萌生了一种传承行为——收藏纺织手工艺核心工具——梭，旨在通过收藏、展示不同地域、民族、个体使用的梭及其所附着的文化意义，丰富土布纺织技艺这项日用手工艺的精神内涵与社会价值，这也为其开办私人博物馆展示手工艺文化、讲述手工艺故事奠定了基础。

梭，又名纺梭，国外文献中也称之为引纬器，是纺织工具之一。人们通常先将经线移至织布机上，再将纬线缠在梭子上，将连着纬线的梭子在经线间垂直地来回穿梭，每来回一次需用木条使纬线靠紧，不断重复完成织布过程。比如，入选第二批国家级非遗项目名录的河北省魏县传统纺织技艺，就可织造条格、花纹等200余种样式，工序繁杂，而其关键工序就是经纬色线的设计排列和缯的确定，缯有二页缯、三页缯、四页缯三种，二页缯用单梭能织出白布和条纹布，经纬色线的有序排列则能织出多样的方格布。[①] 除了织布、织丝、织锦、缂丝等传统工艺也使用梭。比如杭州织锦有盘梭法、抛梭法等特色工艺技法；南京云锦使用传统的大花楼木织机，织手要做到手甩梭管等特殊技法；苏州缂丝则主要使用木机及若干竹制的梭子和拨子"通经断纬"缂织。

收藏全国各地纺织所用的"梭"这样的工具收集行为在非遗传承人群中并不常见，这类收藏无法为郑芬兰带来经济收益；绝大多数的梭并没有收藏价值，外观常见、材质普通且有些因为常年使用而磨损严重。因而，作者就此问题进行了访谈：

　　杨　红：梭子用得好，布就织得快？
　　郑芬兰：从某种意义上来说，梭其实只是织布的一个纬线的工具，但是梭子材料及使用的好坏，它也决定了织布的快跟慢。所以，梭子它就是最基本的一种功能。
　　杨　红：收藏梭的初衷是什么？
　　郑芬兰：我收藏梭子不是因为我要去收藏一个所谓的古董，是因为最初有这么一段经历：2002年，我在贵州兴义徒步时遇见了一位布依族老妈妈。因为我小时候也织布，所以在昏暗的油灯下看

---

① 传统棉纺织技艺［EB/OL］.（undated）［2023-02-20］.https：//www.ihchina.cn/Article/Index/detail?id=14475.

着她织布,让我想起了我的母亲。经过一段时间的相处,她把她使用的梭子给了我。其实她那把梭是舍不得给我的,因为那是她的嫁妆。这把梭子是我收藏的第一把梭,在我收藏的两万多把梭子里面这不一定是最美的一把,但可能是给了我最大感动的一把,从那以后我才开启了收梭之旅。

  杨　红:梭对于织土布的手艺人有什么特殊意义?

  郑芬兰:随着时间的推移,我收着收着就发现每把梭背后承载着很多意义,包括它的材质,还有风俗人情,也包括梭子上面寄托着很多传统文化、一些特殊工艺,比如有些梭是用大漆工艺做的,有些是用木头做的,还有因地制宜的智慧。梭的材质、大小都不一样。我后来才发现,它不仅仅是一把织布的梭。所以我开始不停地收藏,这是原因之一。另外一个原因,也是为了完成我当初对那位布依族老妈妈的承诺,我把她的嫁妆都拿来了,就要把她手艺的故事发扬光大。①

通过访谈可了解到,郑芬兰的收藏行为起源于其与收藏的第一把梭的主人——布依族老妈妈之间的相识与互动,而后其将收藏梭作为了一个持续的兴趣行为;其将梭作为所持有手工艺的标志物,并期望与其他同类型手工艺持有者通过收藏行为产生互动,通过所收藏的梭留存与之相关的故事与文化背景。其开办的私人博物馆展示了其收藏的部分梭子,并通过文字、图片、讲解等向参观者传递除她之外更多人与纺织手工艺之间的故事。比如,传梭博物馆中最古老的梭子是一把传承了七代(最早可追溯至1845年),由苗族老人龙老香赠送的纺梭。它曾经是龙老香老人的生存工具,她用这把梭子织布,再换取钱粮,贴补家用。郑芬兰认为,虽然这把梭已满是蛀孔,几近腐

---

① 被访谈人:郑芬兰,女,1974年出生,浙江省级土布纺织技艺代表性传承人;访谈人:杨红;访谈时间:2022年7月23日;访谈地点:穿梭博物馆。

朽，但它作为手艺的载体代代相传，代表着手艺的生生不息，因此郑芬兰把它称为"生命之梭"。① 传梭博物馆中还有一把有刻字的梭子，这是由云南文山的一位壮族奶奶赠予郑芬兰的，上面刻有一句话"亲爱的亲友好"。在当地村寨，恋人们有赠梭的传统，这把梭子就是壮族奶奶少女时收到的一把寄托相思的纺梭。② "黎锦打纬刀"则是一把由黎族传统纺染织绣技艺传承人张潮瑛所赠的纺梭。张潮瑛通过短视频、直播为黎锦合作社带来了百万订单，帮助海南白沙乡村振兴。郑芬兰将这把黎锦纺梭称为"希望之梭"。③

二、案例背景

（一）传统手工艺存续的危机

20世纪80-90年代，中国经济社会发展快速。在市场经济推动之下，机械化生产制品开始大面积冲击手工制品，许多生活日用品类几乎完全替代了手工制品；以生活日用为主要功能的传统手工艺门类快速萎缩，除了饮食业等部分"老字号"外，各类手工作坊被边缘化，甚至几乎在城市中消失；以工艺礼品为主要产品类型的工艺美术行业情况则有所不同，改革开放后，外向型的工艺美术行业受政策利好推动，不断扩大再生产，但在20世纪90年代又受到海外市场疲软的影响，工艺美术外销型经济逐步转为以内销为主。④ 因而，虽然均隶属于传统手工艺类，但以日用为主的传统技艺和以审

---

① 梭子的故事 | 生命之梭［EB/OL］．（2022-11-23）［2023-02-25］.https://mp.weixin.qq.com/s/I-3ZV1s6D_SUY-pkUq1vHA.
② 梭子的故事 | 深入云南大山深处 寻访那一把遗落在深山中的"梭子"［EB/OL］．（2020-12-03）［2023-02-25］.https://mp.weixin.qq.com/s/3PlUrxSJIWYpT2Q4Lvidgw.
③ 梭子的故事 | 希望之梭［EB/OL］．（2022-11-23）［2023-02-25］.https://mp.weixin.qq.com/s/r69N8fF6YX7S8V9mmBLQXg.
④ 邱春林.新中国工艺美术70年成就概览［N］.中国文化报，2019-9-15（01）．

美为主的传统美术在当代的存续状况是有所区别的，不过二者总体都面临不同程度的困境，需要寻求生存与发展的转机。

（二）国家保护行为的作用与导向

21世纪初，我国开始着手开展非物质文化遗产保护。传统手工艺是非遗的一个门类，我国针对各门类非遗实施分类保护，传统手工艺的国家保护行为主要是在"传统工艺振兴"主题之下出台了一系列政策措施，包括国家、省两级政府部门发布传统工艺振兴计划、出台振兴目录、出台推动传承发展举措等。① 一方面，振兴传统工艺被列为弘扬中华优秀传统文化的重要内容，鼓励各方支持传统工艺的传承与发展，② 另一方面，在中国脱贫攻坚过程中，为促进传统工艺在贫困地区精准扶贫中发挥产业作用等而出台了相应的举措，并以建设一批非遗扶贫就业工坊等形式予以落地。③

实际上，传统手工艺不同于口头传统、仪式节庆等非遗门类，其天然具有商品性，因而中国对传统手工艺主要遵循生产性保护理念；此外，除了文化和旅游主管部门主导的非物质文化遗产保护体系，还有商务部门主导的

---

① 具体包括：国务院办公厅关于转发文化部等部门中国传统工艺振兴计划的通知（国办发〔2017〕25号）[EB/OL].（2017-03-24）[2023-02-20].https://www.ihchina.cn/Article/Index/detail?id=11566. 文化和旅游部 工业和信息化部关于发布第一批国家传统工艺振兴目录的通知（文旅非遗发〔2018〕12号）[EB/OL].（2018-05-31）[2023-02-20].https://www.ihchina.cn/Article/Index/detail?id=11576. 文化和旅游部 教育部 科技部 工业和信息化部 国家民委 财政部 人力资源社会保障部 商务部 国家知识产权局 国家乡村振兴局关于推动传统工艺高质量传承发展的通知（文旅非遗发〔2022〕72号）[EB/OL].（2022-06-28）[2023-02-20].https://www.ihchina.cn/Article/Index/detail?id=25624.
② 关于实施中华优秀传统文化传承发展工程的意见（2017）[EB/OL].（2017-02-08）[2023-02-20].https://www.ihchina.cn/Article/Index/detail?id=11567.
③ 具体包括：文化和旅游部办公厅关于大力振兴贫困地区传统工艺助力精准扶贫的通知（办非遗发〔2018〕40号）[EB/OL].（2018-07-18）[2023-02-20].https://www.ihchina.cn/Article/Index/detail?id=11574. 文化和旅游部办公厅 国务院扶贫办综合司关于推进非遗扶贫就业工坊建设的通知（办非遗发〔2019〕166号）[EB/OL].（2020-01-08）[2023-02-20].https://www.ihchina.cn/Article/Index/detail?id=20475.

"老字号"、文化和旅游部门主导的"特色文化产业"等促进经济价值发挥的政策惠及传统手工艺，且体现了略有不同的政府行为导向。具体而言，非遗保护视域之下，关注点主要在各地散存的手工艺项目及手工艺传承人，重点在于通过纳入清单、立档保存、扶持传承等方式保护文化多样性及在地化艺术基因，不关注机械化的行业主流生产方式；而在地方经济、文化经济视域之下，侧重于通过扶持传统手工艺等地方传统产业、特色文化产业，培育当地经济增长点和文化软实力，增强在地化特色。

（三）个案选取的价值与意义

在研究传统文化事象时，生存主义学派通常关注相关事象的历史溯源，寻找关于起源的有形或无形佐证物，探察人类社会中"不变"的部分，而本研究着眼于传统手工艺在当代中国存续的实际状况，关注其在谋求生存与发展过程中发生的表象与功能变化。这一变化的诱因是经济社会的快速发展，因而在中国经济发达地区相对更为显著；手工艺人被动或主动转型的行为发生时间更早，因而行为演变过程也更为完整；本个案探访的手工艺传承人既具有群体代表性，又在同类型传承人中思维相对活跃、能力相对突出，因而实践行为也较为超前，是兼具典型性和前瞻性的个案，对其的跟踪分析将为更多手工艺传承人及相关从业者提供参考，同时也将对传统文化传承与创新的关系这一命题给出现实的答案。

与此同时，个案关注的土布纺织技艺，隶属于传统棉纺织这一遍布全球的传统手工业类型，是世界不同地区和民族的人们生活方式的典型缩影和常见载体，便于理解、对比与借鉴。比如，中亚的传统纺织品就十分常见且用途广泛，从标志着成年礼仪的物品到日常服装再到家居实用物品，无论是游牧民族还是定居民族都创造了与他们生活方式息息相关的纺织品。[1] 本研究将通过传

---

[1] MELLER, Susan, Robert Kushner. Silk and cotton: Textiles from the central Asia that was [M]. New York: Harry N. Abrams, 2013: 23.

统纺织技艺这一个案的观察与分析,窥探传统手工艺当下存续的实际状况,将个案给予的现实经验进行梳理与概括,提供更广泛地域、相类似行业的借鉴。

三、案例分析

(一)浙江土布纺织技艺传承人转型行为的三个阶段

1.手工技能与个人爱好相结合的早期自发行为阶段

1990年,郑芬兰16岁,在母亲手把手传授下,她已完全掌握了土布纺织技艺。与此同时,郑芬兰所处的浙江农村也正在经历迅速城镇化的过程,郑家开始经商、逐渐富裕,身边的手工弹棉花、手工织布、打铁(铁器锻造)、打家具(家具制作)等日用手艺却在逐渐萎缩。手工业萎缩的过程与日用商品市场发展、居民消费习惯改变是同步发生的,因而到了21世纪初,仍旧存留的手工业商铺、作坊等主要集中在地方饮食等类型,以谋生为目的的其他手工业都已萎缩、被边缘化。其间,一些持有手工技艺的城乡居民转换了职业,部分人因为个人爱好等原因还在从事相关手艺,但更多的是与郑芬兰一样,将原先以维持生计、自给自足为目的的手艺传习行为转变为以兴趣爱好为目的的传习行为。

2004年8月,中国正式加入联合国教科文组织《保护非物质文化遗产公约》。随着非遗资源普查、非遗名录体系等各项非遗保护措施在全国范围的开展,非遗、非遗传承人逐渐被社会所认知;随着国家层面保护力度的增加、社会层面认知认同程度的提升,传统手工艺又逐步开始升温,呈现出主流化、"文化"化等趋势。许多传统手工艺的持有者开始以非遗传承人的身份进入大众视野,特别是以日用为目的的传统技艺类非遗项目,原先并不与社会价值、文化价值、历史价值相关联,而在"非遗保护运动"[1]中,其价值

---

[1] 高丙中.中国的非物质文化遗产保护与文化革命的终结[J].开放时代,2013(5):143–152.

属性被放大，社会关注度也随之提升。郑芬兰既有手工技能，又因个人爱好保留了手艺工具、从事了一些与手艺相关的传承行为，这使得她的早期自发行为融入了国家保护非遗、振兴传统工艺的主流叙事之中，顺利过渡到了依靠传统手工艺盈利的行为阶段。

2. 开发手工艺相关产品与产业项目等以营利性行为为主的阶段

2004年，郑芬兰创建"小巷三寻"品牌，公司名称"杭州小巷三寻手织布开发有限公司"，以手织布为原料生产加工童装等服饰，开始将手工织布技艺的传承与发扬作为自己的事业。此后，其通过"传帮带"方式带动家人、徒弟从事土布纺织技艺这项手艺，包括了家庭传承谱系中的郑红强、郑旭兰、傅梦帆等，使得更多人掌握了轧花、弹花、搓棉、纺线、络线、牵机、刷机、递综、穿杼、栓机、做穗、织布等一系列土布纺织技艺相关工序。此外，郑芬兰开始在一些乡村建立"手织布保护基地"，成立"手织布生产合作社"，采取"农户+合作社"模式，引导更多持有技艺的村民在家进行手工纺织生产，其间有220余名村民从事手织布的生产。除了开办企业、合作社，带徒、带动村民从事土布纺织技艺之外，她还从事土布手工产品的交流推广、质量管理等工作，注册了"中国土布网"，制定了国内第一个手织布生产的企业标准，通过了浙江省质量监督局的相关认证。

随着居民生活水平的提高、消费观念的升级，郑芬兰以传统手工艺为核心开展的营利性行为也发生了一个重要转变——从生产销售手工产品转变为开发运营手工体验产品与服务项目。比如，中华传统文化是国民教育的重要内容，手工艺体验既是中小学劳动教育的优质载体，也日渐成为文化娱乐消费的新兴门类，于是，郑芬兰以传统手工艺为内容开发、运营教育服务产品、文化消费项目，教育机构等成为手工艺体验的购买方。她还针对乡村文化建设、乡村旅游开发等需求研发、运营手工艺体验产业项目，有的由政府主导引进，有的依靠资本运作落地，有的则是民间多方合作的结果，营利方式越发多元，公益属性也得以萌生。比如，与相关高校合作研发、运营的"一亩棉田"研学产品，把土布纺织技艺带进了校园。"一亩棉田"将非遗手工艺体验和自然劳动教育相结合，在校园中开辟一亩棉田，以二十四节气为时间轴，让学生们体验从种子播种，到棉花生长、摘取、织布、成品的整个过程。①

3. 建立私人博物馆、发展模式输出等以公益性行为为主的阶段

2022年5月，郑芬兰在浙江省杭州市余杭区溪口村建立的"传梭博物馆"开馆，她将这一私人博物馆定性为展示纺梭历史、手工技艺、乡土文化的综合性乡村博物馆。博物馆通常是公益属性的，而她将该馆的功能予以拓展，定位为集市民休闲、游客参观、研学教育、手艺活化等多种功能为一体的"乡村会客厅"，将手工艺在地活化与乡村发展致富相结合。据郑芬兰的解释，取名"传梭博物馆"，是因为"传梭"一词在她看来是手工技艺传习、传承的意思。

博物馆有4个常设展厅和1个开放展厅，收藏并部分展出了郑芬兰寻访村落或他人捐赠的各类纺梭共计22,000多件（组）；博物馆内有纺织技艺12道工序的演示，除此之外还展示了木雕、常山木龙榨、云南坡芽歌书、百丈竹编等其他传统手工技艺；博物馆还运用了艺术装置、场景复原、数字交互等方式，构建生活美学空间，让观众能够沉浸式感受与理解手工艺。实际上，国内外以纺织为主题的博物馆并不少见，但多为以纺织工业遗产保护为目的的展示场所，以老厂房、老住宅区为载体；郑芬兰创办的传梭博物馆则以手工织布的纺梭等工具、技艺流程等为展示内容，以乡村博物馆综合体为载体，与大多数纺织主题博物馆有所不同。

郑芬兰将"发展模式输出"作为公益性行为的落点。首先其着眼于乡村与传统手工艺的联系，提出"手工的村落"这一发展理念，目的是保护不同村落各具特色的传统手工技艺。郑芬兰将之解释为"以手工的村落这个概念去撬动乡村，以小而精、小而特、小而美的特色产业推动乡村振兴"。比如，

---

① 女红的复兴 | 春华秋实，岁物丰成——杭州市观成武林小学首届棉花丰收节［EB/OL］.（2020-09-29）［2023-02-25］. https://mp.weixin.qq.com/s/Y14Qt8GoKhHAIKCf24mPgQ.

2017年，郑芬兰到云南怒江傈僳族自治州的水沟头寨采风，遇到75岁的八四妹正带着儿媳三百妞在院子里织麻，她们使用的是两根毛竹棍支起的一个老织布机。早些年，这里家家户户都种麻，种麻、织麻、穿麻是这个民族特有的标志，但由于手艺烦琐，现在的年轻人大多已无心学习这门老手艺。之后，郑芬兰带着设计师10多次进入水沟头寨，还带来了产品订单，帮助她们传承老手艺的同时脱贫增收；傈僳族的妈妈们有了自己的织布工坊和独立品牌"三百妞"，村民年收入从不到3,000元跃升到两万元。又如，2019年，郑芬兰在西藏那曲设立"浙藏非遗纺织工坊"，启动"牧女计划"。那曲平均海拔4,500米，当地人主要从事农牧业，妇女大多从事手工编织工作，当地9成以上的农村合作社与手工编织产业相关，但由于没有品牌，产品销路并不好。"牧女计划"就是给当地牧女带来培训和订单，当地牧女学到手艺的同时还能把产品卖出去。当地25个镇43个村的近200名"牧民妈妈"参与其中，学会了使用新式织机，提高了编织效率，她们的收入增加了，生活条件也得以改善。

郑芬兰认为，"人"是乡村发展振兴的核心，号召年轻人返乡是重要的手段，因而她在一些村子做了"手艺让青年返乡"的一些尝试。

> 郑芬兰：我发现，不是村里人的手艺不行，而是他们不了解消费者特别是年轻人的审美和当下需求，所以我们一定要让年轻人回归，带领村里手艺的发展。我当初在几个村落帮助振兴手艺，第一步就是寻找当地的返乡年轻人，因为这些当地人最了解当地的文化，能够把本土的东西做得淋漓尽致。①

郑芬兰围绕"青年返乡"还发起了"乡信100"百名青年返乡培训计

---

① 被访谈人：郑芬兰，女，1974年出生，浙江省级土布纺织技艺代表性传承人；访谈人：杨红；访谈时间：2022年7月23日；访谈地点：传梭博物馆。

划。她发现，这些年她即便付出了巨大精力也只能帮助十来个村庄，所以希望培训带动更多年轻人，通过输出她的经验，让返乡青年快速学会用手工艺相关产业发展自己的乡村。

"城乡联动"则是郑芬兰在传统手工艺振兴乡村的基础上策划的另一个公益发展理念。她认为，在乡村打造"城乡联动综合体"，手工艺人、企业家、艺术家等就有了"返乡"的落点，才能吸引人才回归乡村参与乡村建设。在传梭博物馆的两侧还建立了"乡野厨房""织宿"等食宿多功能建筑，博物馆与其他功能建筑共同构成了"传梭天地城乡联动综合体"。比如"织宿"是以住宿为载体、以手工艺产品和服务为特色的乡村民宿，将传统手工艺与乡村民宿相融合，可进行手工衍生产品的展示销售以及乡村旅游服务。乡村民宿被其设定为实现城乡联动的一种载体，郑芬兰对"织宿"进行了精心设计，民宿每个房间内的传统手艺产品、农产品都来源于该村落并可以销售，这样的模式使得以住宿服务为主要功能的乡村民宿也成为手工村落自给自足产业链的一环。

实际上，这些公益性行为是郑芬兰在上一阶段营利性实践积累经验的外化与输出——通过带头人培训等方式输出发展模式，将传统手工艺的多元功能转变为乡村振兴的可见要素。目前，进入这一行为阶段并且取得较多成效的传统手工艺传承人还比较少，因而本个案具有较强的代表性。但此类行为也并非特例，近年来，我国各地都出现了类似的传统手工艺带头人，相关经验值得交流互鉴。

（二）传统手工艺可持续发展的案例经验

1. 传承观念的当代化：从自我认同到自主扩展手艺传承的价值

随着时代的变迁，公众对传统手工艺的认知与需求是动态变化的，与此同时，手工艺传承人自身对手艺的自我认同、价值认知也是多层次且动态变化的。生计来源、审美表达、从业信仰、文化身份、社会身份、个人价值体现……都可能成为从业者、爱好者传承手工艺的诉求，多种诉求交织成为传承实践的动力来源；且诉求会随着社会与个人的发展而调整，通常会遵循从满足低层次需求向追求高层次需求的客观规律，这也体现了传承人的主观能动性和实践潜力。本个案中的行为转变过程既体现了传承人对手艺传承行为诉求的变化过程，也表明了其对手艺价值认知的不断提升与扩展。

手艺传承的价值可通过与当代社会经济发展的相关趋势相结合来实现扩展。比如，在乡村脱贫致富与振兴发展中，发挥手工艺与乡村社会相契合的特点。传统手工艺在乡村的存续状况通常要优于城市，不少农村居民仍旧持有一定的手艺，有关部门可通过培训等手段帮助农村妇女、老人、残疾人等掌握手艺并成为其主要职业或增收副业，服务乡村振兴。个案研究中，郑芬兰所实践的"手工的村落""城乡联动"等理念都在恢复、加深手工艺与村落的连接，让手工艺成为乡村可输出的特色文化资源及乡村旅游吸引物。而"乡信100"等实践则在促进乡村手工艺等产业振兴所需的人才资源输入乡村，培育并发挥带头人的关键性作用，实现乡村手工艺发展模式的复制与输出。

2. 传统手工艺功能转型与消费模式的可持续性

较之以审美为主的传统手工艺项目，以日用为主的项目在当代更需通过功能转型实现手工价值的重塑及变现。

首先，需通过大众消费观念的自主更新、社会舆论的辅助引导，提升人们对手工制品价值的认同及意义的认知，让传统手工艺承载价值当代化、多元化。比如，将手工艺原材料、制作过程的绿色低碳、生态环保属性予以传递，有助于手工艺实物类产品的增值。在此过程中，传承人是手工价值塑造与传播的重要个体力量，也是手工价值保护与再创造的核心力量，其需要学会运用现代社会工具对所持有手工艺的独创性内容进行保护与运营。

其次，更新消费模式，挖掘手工过程的附加值，将之与现代消费习惯相同步。如利用"产销合一"的消费模式开发手工艺体验产品、研学体验项目、体验消费场所等，传承人通过手工教学、引导体验等获得经济收益，并通过输出体验乐趣、学习兴趣扩展手工艺爱好者群体，促进兴趣导向的传承实践。在本案例中，郑芬兰的土布纺织技艺从最初的以土布服装产品作为盈利渠道，转向以相关技艺体验为内容的研学、教育及休闲消费服务类产品，继而又在乡村旅游开发、乡村经济发展中实现了功能转型落地。实际上，案例中的传梭博物馆以新型文化空间的形态出现在乡村之中，也迎合了乡村社区文化空间建构的需求，而这类空间的功能往往又是多元而主客共享的。

最后，传统手工艺可通过满足不同行业发展中相关的新生需求，谋求功能转型与可持续发展。比如，当前教育改革中萌生的"刚需"——劳动教育、传统文化教育，传统手工艺可锻炼学生的身心参与、创新创造能力，学生在趣味性的传统手工艺体验中就可了解相关传统文化知识；旅游发展中萌生的"刚需"——旅游体验，传统手工艺体验可增加旅游体验的参与性和个性化，可在娱乐、审美、教育等多个维度满足人们的体验需求。

3. 基于传统手工艺当代发展阶段的宏观保护措施

不同地区，经济社会发展水平存在差异，精神需求、消费水平等也会存在较大差别，这使得同一类传统手工艺在我国不同地区的存续与发展状况也会有所不同，我们需要通过对保护、振兴措施侧重的微调确保措施的适用性。

首先，从非遗保护措施的维度，确认、立档、研究、保存、保护等是需要投入资金、人力等的基础性措施，在多数传统手工艺的现状还不佳、需要被抢救与保护的地区，保障基础性措施的实施是现阶段的重点。从文化资源的角度来说，现阶段的保存与保护就是在最大限度地留存文化资源，为这些手工艺在当代与未来的存续、自身造血能力的产生保留可能性，也为该地区经济社会发展保留了更多在地化资源；而在经济发达地区，文化资源仍旧需要持续挖掘，鼓励合理恢复地域文化标志物及生活文化特色。

其次，从传统工艺振兴措施的维度，可通过与商业、旅游、教育等各行业的合作，协同促进传统手工艺的实体产品、体验类服务产品、研学教育产品等进入这些行业，在传统手工艺功能转型初期阶段给予它们更多盈利渠道与措施支持。

最后，从非遗保护的宣传、弘扬、振兴等措施出发，充分认识到传承人对所持有的手工技艺开展价值传播能力的差异。社会学家提出的"科林格里奇困境"[①]在传统手工艺这一细分领域同样适用，遗产持有者传播能力的差异，导致所传承手工艺项目存续能力的差距正在扩大。因而，我们应鼓励外来力量、良性资本的扶助与介入，让更多传统手工艺项目有机会进入当代主流发展轨道，继而反哺保护。

四、结语

在对浙江土布纺织技艺传承人个案研究过程中，从存续基础、价值标准到社会功能，传统手工艺都在经历着"变化"，关注并研究这一"变化"的意义并不亚于文化事项本体的研究。通过对个案传承人行为发展过程的梳理，我们发现，尽管我国开展非遗保护、振兴传统工艺的时间不长，传承人个体实践的轨迹已然形成多个阶段，从早期自发或偶发的传承行为，到各类以传统手工艺为内容的营利性探索，再到较为突出的带头人行为、公益性行为阶段，他们积累了不少实践经验值得我们分析归纳。

改革开放之后，中国经济的高速发展带给传统手工艺等文化事象诸多挑战，但也随之带来了很多机遇。事实上，无论发展速度的高低，文化传统原有生态的改变已是一种必然，谋求传承环境封闭、社会关系稳定之下的存续并不现实，寻求价值拓展、功能转型继而实现可持续保护应是可行路径。本案例即是主动谋求转型发展，使得该项手工艺焕发生命力的典型。

---

① 科林格里奇困境：当变革是容易的时候，对变革的需求难以察觉。当变革的必要性显现时，变革已经变得昂贵、困难且费时。

案例四　南国狮醒，非遗新活力
——永庆坊赵家狮非遗生活馆

一、案例简介

（一）广东醒狮简介

醒狮属于中国狮舞中的南狮，是融武术、舞蹈、音乐等为一体的文化活动。自古以来，广东醒狮被认为是驱邪避害的吉祥瑞物，每逢节庆或重大活动必有醒狮助兴，长盛不衰，历代相传。20世纪80年代以来，广东几乎乡乡都有自己的醒狮队，一年四季，开张庆典锣鼓声不断，逢年过节，狮队便上街采青、巡演，乡村群众性的舞狮技艺普及也盛况空前。同时，醒狮活动也广泛流传于海外华人社区，成为海外同胞认祖归宗的文化桥梁，其文化价值和意义十分深远。[①]

（二）赵家狮非遗生活馆简介

赵家狮非遗生活馆位于广州市西关永庆坊的非遗街区内，毗邻粤剧艺术博物馆，是国家级非物质文化遗产项目广东醒狮省级代表性传承人赵伟斌的

[①] 狮舞（广东醒狮）[EB/OL].（undated）[2023-08-06].https://www.ihchina.cn/project_details/12869.

工作室。生活馆共有两层，总面积约300平方米，分设醒狮文创销售区、醒狮文化展馆、非遗定制吧、AR/VR醒狮体验、非遗直播间、醒狮机器人擂台赛、特色醒狮主题餐饮、非遗醒狮课堂及文艺交流空间。赵家狮非遗生活馆融合了醒狮文化、潮流艺术与现代科技，借助新技术、新理念让非遗焕发出新活力，吸引更多人关注、了解甚至传承醒狮文化。赵家狮非遗生活馆主营以下业务板块：

1. 醒狮文创销售

南国醒狮团队以醒狮吉祥、喜庆的视觉元素，以及醒狮敢为人先、正气凛然的精神内涵为主题，打造了具有岭南特色的"南国醒狮"文创品牌，开发了挂饰、玩具、丝巾、杯碟等200多款醒狮文创产品（图4-4）。为运营和发展"南国醒狮"文创IP，赵伟斌精心打造了非遗醒狮文创中心，并同步开放了线上微店，让醒狮文化延伸至人们的日常生活之中。

图4-4 赵家狮非遗生活馆文创销售区①

2. 醒狮博物馆

在赵家狮非遗生活馆中设有小而精的醒狮博物馆（图4-5），馆中收藏了诸多巨大且珍贵的精品狮子头，例如有直径1.5米的央视春晚大狮头、国庆70周年巡演的"奥运五环狮"、清末民初扎作技艺制作的"刘关张"传统狮、现代工艺的灯光狮和

图4-5 醒狮博物馆②

①② 广东醒狮走进百姓生活 | 赵家狮非遗生活馆喜迎天下客［EB/OL］.（2020-08-30）［2023-08-06］.https://mp.weixin.qq.com/s/PYDgD25gb6gXqSkDDwSUmw.

夜光狮……通过参观醒狮博物馆，游客不但为传承千年的醒狮扎作技艺所折服，而且还能感受醒狮传承人在坚守中创新的精神。

3."科技+醒狮"体验

赵家狮非遗生活馆最具特色的地方在于通过"科技+醒狮"的方式开启醒狮创造性转化、创新性发展的新思路。在赵家狮非遗生活馆二楼的醒狮机器人体验区中，游客可以体验号称是全球首款醒狮体感机器人，游客通过体感操控佩戴着"刘关张"醒狮酷炫外形的机器人（图4-6）进行舞狮的高难度动作。①

图4-6 醒狮机器人②

此外，赵伟斌与动漫科技公司合作，开发了VR/AR醒狮小程序（图4-7），游客在馆内扫码即可体验真实世界与虚幻图像相结合的醒狮体验。在非遗定制吧中，也展示了赵家狮尝试"科技+醒狮"路径的成果——3D技

---

① 非遗+科技：从妙不可言到无限可能［EB/OL］.（2021-10-17）［2023-08-06］.https://mp.weixin.qq.com/s?__biz=MjM5NDk5Nzc4MA==&mid=2651822421&idx=6&sn=620f68c6d94358cf3b46f108faba71b3&chksm=bd040a2e8a73833840ed7ac204e2fc99f08c3892042fcc9309e2602842c58804f1915eb0b259&scene=27.

② 广东醒狮走进百姓生活 | 赵家狮非遗生活馆喜迎天下客［EB/OL］.（2020-08-30）［2023-08-06］.https://mp.weixin.qq.com/s/PYDgD25gb6gXqSkDDwSUmw.

术打印狮头，游客可以在非遗传承人指导下DIY打印狮子头，并绘制独属自己的醒狮文创。

图4-7　VR/AR醒狮[①]

图4-8　醒狮主题餐饮区[②]

4. 醒狮主题餐饮

赵家狮非遗生活馆中还设有特色醒狮主题餐饮区（图4-8），推出了醒狮咖啡、醒狮蛋糕、"狮"人荔枝奶茶等网红产品，借助休闲餐饮在社交平台的传播与营销优势，打出了赵家狮非遗生活馆的知名度，吸引更多年轻人了解醒狮文化。

---

①② 广东醒狮走进百姓生活｜赵家狮非遗生活馆喜迎天下客［EB/OL］.（2020-08-30）
［2023-08-06］.https://mp.weixin.qq.com/s/PYDgD25gb6gXqSkDDwSUmw.

二、案例分析

（一）主要优点

1. 提炼符号打造文创 IP

IP 是具有高辨识度、自带流量、强变现穿透能力、长变现周期等特点的文化符号，借助文创 IP 实现可持续发展是解决非物质文化遗产流失的良好路径。① 在文化内涵方面，南国醒狮团队提炼出敢为人先、正气凛然的醒狮精神文化内涵；在视觉方面，南国醒狮团队提炼出醒狮标志性的视觉元素、色彩、标志以及喜庆祥瑞的视觉效果。通过提炼醒狮独有的文化符号，南国醒狮团队开发出了一系列周边衍生产品，打造出具有高辨识度的醒狮文创 IP。非遗 IP 打造需要提炼出非遗的文化内涵、视觉符号并结合现代设计绽放非遗新活力，由此才能让非遗在贴近大众日常生活的同时，依然保留、呈现甚至放大自身艺术价值，实现可持续发展。②

2. "科技+"开创非遗体验新模式

赵家狮非遗生活馆通过"科技+"对醒狮文化进行全方位的创新尝试，探索出非遗体验的新路径。醒狮技艺存在一定的体验门槛，非遗体验馆中也没有足够的空间进行实践，因此赵家狮非遗生活馆尝试利用 VR、AR、机器人等科技手段降低醒狮的体验门槛，玩家仅需通过手机、体感操控即可体验舞狮。随着技术的进步，数字媒体特别是交互式在线和移动应用程序将在非遗的日常实践中发挥越来越大的作用。在技术赋能技艺传承方面，新的技术使非遗技艺以新的形式进行传承和传播，且不仅限于少数群体圈层。另外，

---

① 吕国伟. 文创 IP 视角下非物质文化遗产的可持续发展研究——以"无锡锡绣"为例[J]. 艺术科技, 2018（9）: 45.

② 于方. IP 介入非遗文化创意领域的途径研究[J]. 北京印刷学院学报, 2019（7）: 45-49.

科技还能够促进非遗内容的共创化，让大众实践者也参与到非遗和非遗衍生品的创作当中，赋予非遗新的价值与意义。① 例如，赵家狮非遗生活馆借助3D打印技术打印狮头（图4-9）并作为半成品文创供顾客DIY，顾客在工作人员指导下参与狮头绘制的过程，创造独属于自己的非遗作品。

图4-9　3D打印狮头②

（二）暂存问题

1. 非遗体验空间小且功能杂糅

赵家狮非遗生活体验馆仅两层，300多平方米的空间中包含了文创店、咖啡馆、非遗定制吧、醒狮博物馆、醒狮机器人擂台等多个功能区。丰富的功能区域虽然能给游客带来充实的体验，但各功能区受空间大小所限，无法为游客展示完整的科普内容和提供优质的服务体验，实用性较弱。例如，位于一层的文创销售区，面积仅10平方米左右，容纳约5-6名游客就会感到

---

① 黄永林，余召臣. 技术视角下非物质文化遗产的发展向度与创新表达［J］. 宁夏社会科学，2022（3）：198-206.
② 广东醒狮走进百姓生活 | 赵家狮非遗生活馆喜迎天下客［EB/OL］.（2020-08-30）［2023-08-06］. https://mp.weixin.qq.com/s/PYDgD25gb6gXqSkDDwSUmw.

拥挤。作为进入生活馆的第一个区域，文创销售区缺乏足够的体量与布局设计，一方面影响了游客对生活馆的第一印象，另一方面也会对文创产品销量产生影响。因此，在进行非遗特色空间规划设计时，团队需要结合场馆空间规划大小，合理进行布局安排。在空间有限的情况下，团队应结合空间所在地理位置、市场定位等要素选择最适合的功能进行精细化打造。

2. 缺乏持续、良好的运营策略

好的非遗空间规划只是第一步，最关键的在于如何进行可持续的非遗空间运营。在对赵家狮非遗生活体验馆实地考察的过程中我们发现，生活馆仅有文创销售区、醒狮博物馆两个区域正常开放，其余区域均处于不对外开放状态；VR、AR醒狮体验也因链接失效而无法进行正常体验。由于缺乏良好的运营维护，游客已无法体验到"非遗+科技""非遗+生活"这两大卖点，其竞争力与吸引力也受到了较大影响。因此，在制定非遗空间运营策略、维持非遗体验空间正常运营的同时，赵家狮非遗生活馆需要根据市场动态与技术发展灵活调整运营策略，进行非遗体验空间的升级、创新，以保持甚至增强竞争力。

三、结语

赵家狮非遗生活馆不仅是一个展示"非遗"文化的窗口，更是一个让人们亲身体验非遗魅力的空间。在这里，游客可以参与狮头涂鸦活动，感受传统工艺的精湛与独特。师傅们全程细心指导，从颜料分配到划线勾花，无不体现出对传统文化的敬畏与热爱。此外，馆内还提供丰富的简餐和饮品，让人们在品味"非遗"文化的同时，也能享受到美食带来的愉悦。除了"非遗"文化体验，赵家狮非遗生活馆还是一个传承中华优秀传统文化的重要阵地。它通过举办各种文化活动、讲座等，让更多的人了解非遗，认识到非遗对于民族精神和文化自信的重要意义。这种传承与创新的结合，使得赵家狮非遗生活馆在广州市民和游客中赢得了好评。

  永庆坊是极具广州都市人文底蕴的非遗街区，赵家狮非遗生活馆通过醒狮展示、文创销售、非遗定制、教学培训、亲子体验、休闲餐饮等项目，探索在"艺术+"和"科技+"模式下非遗醒狮展示的新路径和新空间。在新旧文化的交融与碰撞中，传统文化的情怀与新时尚、新技术、新文化融合再生，将传统的文化样貌重新注入居民生活中，吸引越来越多的年轻人去关注非遗，品传统之美，扬中国精神。

第五章
非遗新场域案例

- 案例一　千年瓷都的当代蝶变——景德镇陶溪川·China坊
- 案例二　百年易俗社"古调新弹"——西安易俗社文化街区
- 案例三　漫步古街老巷　打卡世遗——泉州古城City Walk

案例一 千年瓷都的当代蝶变
——景德镇陶溪川·China 坊

一、案例简介

江西景德镇陶溪川（图 5-1）是我国著名的陶瓷文化传承与创新基地，其在非遗创新传播与活化中的成效可供业内借鉴。作为中国陶瓷的发源地，景德镇具有悠久的历史和丰富的文化底蕴，通过创新的展示方式、产业的集聚联动、艺术的驻地项目、人才的合作交流以及品牌的生态构建等手段打造的陶溪川文化创意基地，成功地将传统陶瓷文化与现代创新产业相融合，吸引了国内外大量的文化爱好者和文化创业者。

图 5-1　景德镇陶溪川夜景①

---

① 提到景德镇，很多人都知道这里有着瓷都的美誉，但是如果说到陶溪川［EB/OL］.（2019-09-28）［2023-08-06］.http://k.sina.com.cn/article_2724694814_pa2678b1e02701awa8.html?local=jx.

陶溪川是以原宇宙瓷厂为核心启动区,以文化为魂,以陶瓷为基,[①]在保护利用陶瓷工业遗产的基础上,通过活力加速再生、结构重塑转化、营商环境焕发打造,成功转型为集旅游、传统、艺术、科技于一体的文创街区,先后被列入国家级文化产业示范园区、国家工业遗产名单、中国工业遗产保护名录等[②]。2022年,江西景德镇陶溪川入选第一批"全国非遗旅游街区"。

陶溪川作为文旅产业融合的标杆,对其成功转型契机和发展模式的探索既可以给同类文创园提供借鉴、效仿的经验,也是调动社会多方力量参与公共文化空间建设、促进非遗活化发展的另一条崭新路径。

二、案例分析

陶溪川非遗传承和文化传播上的成功,因其具备三大重要条件:天时、地利、人和。陶溪川拥有时代给予的"天时"、景德镇天然具有的"地利"及家国情怀等"人和"这些先天优势。

(一)多维度活化文化遗产

作为陶瓷文化的发源地,景德镇不仅拥有丰富、独特的陶瓷文化资源和底蕴深厚的历史遗迹,还拥有精妙绝伦的制瓷技艺和独特有趣的瓷业民俗。在传播陶瓷文化时,陶溪川重视对历史遗迹、文化遗存的活化利用,让已经沉寂的老窑址、老厂区、老作坊和只存在于历史文献上的一些陶瓷行业民俗

---

① 探访"瓷都"江西景德镇陶溪川文创街区 老瓷厂焕发年轻态[EB/OL].(2023-05-11)[2023-08-06].https://baijiahao.baidu.com/s?id=1765567405634470658&wfr=spider&for=pc.
② 老瓷厂焕发年轻态[EB/OL].(2023-05-15)[2023-08-06].https://www.sohu.com/a/675900008_121106994.

再现曾经的辉煌,述说景德镇的千年历史,[①]复兴并创新传播陶瓷文化。

陶溪川建立了陶瓷工业遗产博物馆,通过修复留存的旧窑房,创新建设标志性文化景观,打造出独特新颖的文化体验空间和了解近现代陶瓷工业变迁的文化平台。博物馆采用"以物展史"的方式,以时间为序,充分运用现代新材料、新造型及声、光、电等辅助手法,通过文献资料的收集研究,再现旧日场景、宝贵实物和影像图片,栩栩如生地将景德镇近百年来的制瓷业发展历程呈现给参观者,让来访者在享受视觉盛宴的同时"经历"另一种人生。[②]除此之外,园区修旧如旧,保留了大量旧时的建筑风格,如包豪斯风格的锯齿形厂房等。这种旧建筑和新产业相结合的模式也体现在博物馆的实物展览厅里,展览厅特意收集保留的古老圆窑、60年代煤烧隧道窑和90年代汽烧隧道窑等旧建筑,给参观者最直观的视觉冲击,毕竟再高清的屏幕、再精巧的视频拍摄,也无法取代现场零距离的欣赏与触及。该博物馆凭借其浓厚的文化内涵和创新的传播模式荣获联合国教科文组织2017年度亚太文化遗产保护创新奖(图5-2)。

图5-2 陶瓷工业遗产博物馆获奖证明[③]

同时,陶溪川在原有厂房遗址上进行创新改建和修缮,将旧址打造成

---

① 郑艺.景德镇文旅融合创新发展实践的案例研究[D].南昌:江西财经大学,2023.
② 这里曾是景德镇最大的瓷器厂之一 如今转型成功 游人如织[EB/OL].(2020-10-15)[2023-08-06].https://baijiahao.baidu.com/s?id=1680600744612308170&wfr=spider&for=pc.
③ 陶溪川博物馆斩获2017亚太遗产创新奖 设计思路及创新做法公布[EB/OL].(2017-11-20)[2023-08-06].https://mp.weixin.qq.com/s/W88K3LYj6JcZ-nw5Lein5g.

美术馆、特色陶瓷酒店、邑空间商城、水景广场等特色建筑群，让静态的工业遗址再次焕发活力，重塑了文化旅游、衣食住行等方方面面俱全的产业结构，构建了以文化旅游、生产制造、生活消费等为主导的产业链。这种全方位的发展使文化遗产更贴近日常生活，且毫不违和，其不仅为来访者提供了更多体验和参与机会，也促进了文化传播与经济发展的有机结合。

（二）多元产业集聚发展，打造全生态陶艺产业链

传统单一的旅游景区已不再适应现代社会，多元化、复合型的旅游目的地是时代发展的大趋势。陶溪川在发展之初就确定了从文化湿地、生活美学、城市客厅、艺术沙龙、时尚社区、人文窗口六方面共同打造创意广场的目标，如今已经形成了规模化的产业集聚地。[①] 它汇聚与陶瓷文化相关的多种文化产业形式，如绘画、雕刻、手工艺等，各类文化产业相互交织，形成浓厚的艺术氛围，给来访者提供更多选择以及沉浸式的文化体验。为传承与传播手工制瓷技艺，陶溪川鼓励游客亲自动手设计并制作简易陶瓷作品，增强游客对陶瓷艺术的兴趣。这种让来访者亲身参与的方式让游客能够关注到陶瓷艺术的更多细节，促进其逐渐从小众走向大众，让更多人动手制作陶瓷制品。多渠道制瓷技艺传播和多元产业集聚不仅为陶溪川提供了更丰富的非遗传承和传播载体，打造多样化产业发展平台，全面展示传统陶瓷制作工艺，也为其带来了更广的受众群体，吸引具有不同兴趣和需求的游客前来。

（三）构建品牌 IP，创新数字化转型

经过多年运营，独特品牌 IP 的构建和文创产品的输出成为陶溪川发展的必然选择。陶瓷文化的核心价值通过瓷器呈现，在生产并向外输出文创产

---

① 郑艺.景德镇文旅融合创新发展实践的案例研究［D］.南昌：江西财经大学，2023.

品的同时，陶溪川逐步实现品牌化和产业链化。通过创新设计和IP打造，陶溪川建立了自己的品牌形象，提高了品牌的认知度和影响力。独特的产品和IP也使陶溪川在市场竞争中脱颖而出，吸引了更多消费者和合作伙伴的关注。

更重要的是，陶溪川并不拘泥于做一个保守的陶瓷文化展示者和瓷器制造搬运工，运营方更希望将陶瓷文化与现代生活相结合，把中国人对"China——中国"和"china——陶瓷文化"的深厚情感倾注进去，呈现陶瓷文化的物质价值和精神价值。随着陶瓷文化魅力的不断放大和呈现，大量的潜在游客源源不断地进入园区，引发了一波波深入了解文化起源、学习制瓷技艺的热潮，成功促进文化的传播与活化。

2019年，陶溪川顺应时代发展进行数字化经济转型（图5-3），建立陶溪川品牌IP，并构建了完善的陶瓷供应链体系。同时，陶溪川与抖音、淘宝等平台达成战略合作，利用短视频等形式进行线上文创产品输出，并对制瓷过程进行直播，进一步拓宽了非遗传播渠道，为陶瓷艺术带来更广的曝光度。2022年，陶溪川在抖音的线上营收达57.6亿元，同比增长88%，并不断提速。[1]数字赋能让陶溪川具备了自主权，它可以自主进行各类主题文化宣传，形成可控的售卖导向、舆论导向和文化导向。

尽管现场采购具有独特优势，但通过直播售卖和视频宣传等新媒体手段，陶溪川能够将陶瓷艺术这一来源于传统的文化以新的形式呈现给现代观众，这不仅能惠及现场观众，更能将作品展示在国际舞台上。数字化转型使陶溪川的陶瓷文化具备了跨越时间和空间的影响力，不仅提升了其传播效率，还突破了传统传播方式的地域和时间限制，实现全球范围内的陶瓷文化创新传播。

---

[1] 从老工厂到文创街区，陶溪川的运营逻辑［EB/OL］.（2023-04-04）［2023-08-06］. https://mp.weixin.qq.com/s/KgD5pJd2nCEGDu3OBIn6Wg?poc_token=HFldsWSjb8iO-hRHOwlytNRN44HUHbrn-qUMpUNe.

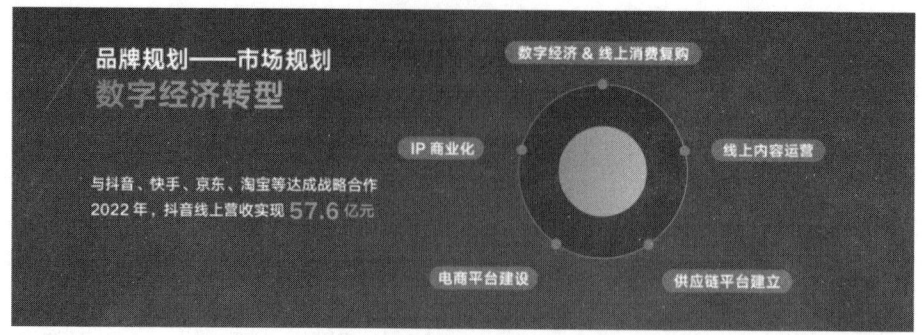

图 5-3　陶溪川数字经济转型①

（四）注重人才资源，建构创意社群

陶溪川注重人才资源，鼓励创新创业，以打造年轻人的造梦空间为目标，吸纳并培养青年创意力量，至今已汇集了 2 万余名设计师、艺术家和手艺人。陶溪川通过举办诸多特色活动，如"非遗百匠"的打造，形成了以创新和传播非遗为核心的聚集地，吸引更多人关注这座城市的文化创新和非遗传承。同时，陶溪川为年轻人倾力打造创业孵化平台，助力年轻人通过更多途径获取免费资源，包括提供技能培训、专业知识传授课程等，并联合政府部门给予创业补助、贴息贷款等方面的支持，尽力为他们的生活提供保障。

如今，陶溪川已然成为年轻艺术家的聚集地和最受欢迎的陶瓷文创集市。制瓷行业的人才无一不想来到陶溪川，与志同道合的艺术家一同打造梦想中的陶瓷天地。不仅如此，许多游客本着参观的目的来到陶溪川，却被其浓厚的文化氛围所吸引，于是便选择留在这里学习、创业、传承、生活，从而聚拢了更多商机。大量艺术家的加入与合作极大地促进了陶溪川的发展，而陶溪川文化实力的增强反之又吸引更多人才加盟，形成正向循环。在双面

---

① 从老工厂到文创街区，陶溪川的运营逻辑［EB/OL］.（2023-05-08）［2023-08-06］. https://mp.weixin.qq.com/s/nTa2N2ADZ24zCh_NanBIOw.

正向的促进作用下,陶溪川的文化影响力不断增强,营商环境不断优化,成功为其所保护、传承、传播的陶瓷文化吸纳了更多人才资源。

三、结语

景德镇陶溪川·China坊,是一个集陶瓷文化、艺术创新、旅游观光于一体的综合性文化项目,为景德镇这座千年瓷都注入了新的活力与魅力。

首先,陶溪川·China坊汇聚了众多景德镇的传统制瓷技艺,从拉坯、利坯、画坯到烧窑,每一个步骤都有专业的大师进行演示和讲解,使得游客能够深入了解陶瓷的制作过程和文化内涵。其次,陶溪川·China坊在创新发展上也颇具特色,它不仅是一个陶瓷文化的展示窗口,更是一个创意设计的聚集地,许多年轻设计师在这里设立了工作室,运用现代设计理念和技术手段,将传统陶瓷工艺与现代审美相结合,创作出了一系列独具特色的陶瓷艺术品。再次,陶溪川·China坊还注重游客的体验感。这里提供了丰富的陶瓷DIY项目,游客可以在专业师傅的指导下,亲手制作属于自己的陶瓷作品,体验一把制瓷的乐趣。最后,陶溪川·China坊在推动景德镇陶瓷产业的发展上也起到了积极作用。这里吸引了大量的游客和投资者,为景德镇的陶瓷产业带来了更多的机遇和动力。同时,这里也成为陶瓷文化交流和合作的重要平台,为景德镇陶瓷产业的国际化发展提供了有力支持。

陶溪川还在不断地规划扩容中,未来的规模有可能是当前的十倍甚至百倍。相信陶溪川依然会秉持着艺术和科技、传统和潮流、生活和生产深度融合的模式,始终以形成多元、多业态、多维空间的文创标杆为目标,也衷心祝愿陶溪川如它的名字一样,如小溪、如川流,清新美好,川流不息,永远传承。

案例二　百年易俗社"古调新弹"
——西安易俗社文化街区

一、案例简介

（一）背景介绍

秦腔，别称"梆子腔""陕西梆子"，是汉族最古老的戏剧之一，起于西周，成熟于秦，于2014年被列入国家级非物质文化遗产代表性项目名录。西安易俗社原名"陕西伶学社"，是著名的秦腔科班，与莫斯科大剧院、英国皇家剧院并称为世界艺坛三大古老剧社。为更好地传承易俗社这一百年历史文化遗产，本着对历史负责、对文化负责的态度，把城市有机更新与保存历史文脉统一起来，把改善人居环境与提升城市内涵结合起来，易俗社打造特色历史文化街区，让秦腔历史文化与现代生活融为一体。①

（二）案例介绍

易俗社文化街区位于西安钟楼东北，东起案板街、南至东大街、西至北大街、北至西一路。历时4年打造的西安易俗社文化街区于2021年正式开

---

① 田野. 打造"文化传承＋城市更新"新模式——以西安易俗社文化街区有机更新项目为例[J]. 城乡建设，2022（2）：38-41.

放，以百年易俗社为核心的秦腔文化展示区包含有易俗大剧院、易俗社剧场、易俗社百年博物馆、室外露天戏台、东邦哥情景式街区、开放式西安特色美食街区、钟楼书店与钟楼邮局，涵盖文化、餐饮、网红潮牌等多种业态，通过"馆、展、演、商"四位一体的展现方式，更好地展现古老秦腔艺术的独特魅力和现代文化街区的时尚气派。①

街区内的露天戏台是园区的一大特色，易俗社以弘扬秦腔文化为主旨，以文化惠民为主线，与三意社、青年传习剧团、西安演艺集团相互配合，举办易俗社文化街区特色秦腔演出，把著名秦腔选段、武打片段、秦腔绝活三类主题相结合，将秦腔表演搬上室外戏台。同时，为盘活易俗社文化街区业态，易俗社在露天舞台大力扶持西安本土音乐人。基于"浪走"开街主题活动，衍生出"易俗歌会"现场 Live 活动，结合舞台声光电效果、乐迷互动、抖音直播等手段，让数十万名游客/市民共同见证文化与科技共同散发的独特艺术魅力（图5-4）。

图5-4 西安易俗社文化街区露天戏台②

中国秦腔艺术博物馆、百年易俗社博物馆与露天戏台形成"两馆一台"，为街区注入秦腔的特色灵魂。博物馆内，从千年前的坐式、立式乐舞俑，到明清剧作刻本，再到老剧本、留声机、老胶片、老式电影机，以及录音机、录像机DVD……从历史演变到剧本创作，从脸谱服饰到各个时期的名家唱段，

---

① 易俗社文化街区亮相在即新"门面"能否擦亮"老字号"[EB/OL].（2021-08-30）[2023-08-06］.https：//baike.baidu.com/reference/58513037/533aYdO6cr3_z3kATPeOmPr3MyeRZNWuueeCAbNzzqIPmGapB5nyTcYh4dku9_kpFwTG_8oyModYxrDlCUtavahONbhrBtorn3b7VzvF1-aiooU.

② 精彩纷呈！秦腔味撩动"西安情"[EB/OL].（2024-01-22）[2024-03-06].https：//mp.weixin.qq.com/s/fjWgn03vineTknV2xHoq6g.

应有尽有。

中国秦腔艺术博物馆运用数字化、智能化手段让馆内充满"秦声"——每个展位前都配有电子屏幕、耳机，对展位进行视听介绍；在介绍梆子发展史的展厅内，12座袖珍戏楼内置电子屏，播放着12个地方的代表性戏曲；墙上的投影，不停演绎着《秦王破阵乐》。在戏曲形象展示区内，生旦净末丑模型活灵活现，如同真实演员披挂上阵（图5-5）。

图5-5　中国秦腔艺术博物馆①

图5-6　百年易俗社博物馆②

与中国秦腔艺术博物馆比邻的百年易俗社博物馆（图5-6）建筑总面积4,500平方米，分前后两楼、共计4层的陈列空间，诉说着易俗社的百年沧桑。该馆与中国秦腔艺术博物馆构成了8,000平方米的戏曲文化展示空间。

西安特色美食街区（图5-7）聚集了西安的老字号美食。自街区开业以来，包括同盛祥在内，隶属于曲江新区西安饮食股份有限公司的10个西安老字号集结于文化街区，重现老字号云集景象。如今，老字号已经成为带动

---

① 【西安城游】中国秦腔艺术博物馆［EB/OL］.（2023-05-27）［2024-03-06］.https://mp.weixin.qq.com/s/Y0sDQpGhP6Q-WPnDuyZOLw.

② 《人民日报》报道：西安易俗社——拓展秦腔艺术传播途径［EB/OL］（2024-03-01）［2024-03-06］.https://mp.weixin.qq.com/s/KbTzYK4_H9-D2SXTjIdPKw.

街区经济的新引擎。

易俗社文化街区以虚拟人物东邦哥的生活情景为主线，模拟形成东邦哥情景式文化体验区，还原20世纪80年代的西安城市风情。20世纪80年代，对于很多老西安人来说，是他们记忆中的流金岁月；对于年轻人来说，更像是穿越时空，了解一个未曾经历的时代。游客走进街区，80年代的音乐便迎面扑来。巨大的复古旱冰场是东邦哥最爱的场景之一，在这里，无论男女老少游客都可以租借旱冰设备一同滑冰，找到童年与朋友一起玩闹的乐趣。再往内走，游客可以看见东大街百货批发商场、供销合作社等招牌。随后，穿过两边放着凤凰牌自行车的"街道"，游客们来到1路电车车站，"乘着"1路电车，就到了开通巷小学。学校教室内，墙壁上的名人挂像，黑板上的彩色板，学校旁边便是东邦哥的家。东邦哥的家虽然不大，但是干净整洁。墙上的日历定格在1988年。一旁挂钩上的衣服，印着"万元户"字样。床头的《一代妖后》《上海滩》等海报和人物剪影，营造出原汁原味的年代感。东邦哥家门前，土特产供销社、玩具店、西影放映室依次分布。在西影放映室售票处旁的小黑板上，预告着热映影片《红高粱》，游客可以买票进入其中观看热映影片。走进影院，三三两两的观众坐在冰凉的木质板凳上，看着大银幕上的《红高粱》，穿越感油然而生。

对于陕西人与外地游客而言，这里是文化新地标。易俗社通过设立文化街区，向许多不了解秦腔的新时代陕西人与外地游客提供了直接感受秦腔文

图 5-7　西安特色美食街区[①]

---

① 西安宝藏老街攻略，网罗地道美味［EB/OL］.（2023-10-29）［2024-03-06］.https：//mp.weixin.qq.com/s/3DQ_ss_8gaLdlH-V1b8fww.

化的平台，其地理位置在西安钟楼东北角，交通便利、知名度高，在西安具有不小的影响力。据统计，开街一周年以来，易俗社文化街区内已表演秦腔近500场，"双馆"一年中累计接待总量超15万人次，东邦哥街区一年间接待游客量已近100万人次。第九届中国秦腔艺术节于2022年6月24日在西安落下帷幕；2022年8月，街区进入文化和旅游部公布的第二批国家级夜间文化和旅游消费集聚区名单。2023年"五一"假期易俗社文化街区接待游客10.91万人次，成为西安旅游新名片。① 未来，易俗社文化街区将为西安发展贡献更多力量。②

二、案例分析

（一）街区分析

中国的非遗保护与发展需要与时俱进，进而逐步解决以往非遗保护过程中存在的传承人少、难以吸引年轻人、政府支持不足等问题。在非遗活态保护理念下，文化街区成为一个非常好的载体，文化街区可以借助非遗建立"个性"，使其能够长久地保持活力，展现新姿新貌。③ 易俗社便顺应这一趋势，推陈出新，修建西安易俗社文化街区，利用当下人们喜闻乐见的方式，传承并发展秦腔文化。

易俗社以"讲好陕西故事、弘扬秦腔文化，城市功能修补、保护文化遗存，记忆西安味道、铭刻西安印象"作为项目定位，延续老街风格，以民国

---

① 铜川以7.7%增速全省第一［EB/OL］.（2023-05-26）［2023-08-06］.https：//www.sohu.com/a/678984147_119659.
② 《丝路文明》特刊｜"曲江新生活"系列报道之五 百年易俗社遇上"网红"新街区［EB/OL］.（2023-02-02）［2023-08-06］.https：//www.slwm.com.cn/c/2023/0202/501507.shtml.
③ 瞿震，刘棠.非物质文化遗产视阈下的济南芙蓉街保护与发展［J］.包装工程，2023，44（S1）：530-535.

建筑立面为基底，穿插现代建筑元素，打造特色活力文化街区。易俗社拓展传统文化街区新功能，为游客提供了解秦腔、欣赏秦腔演出的平台。易俗社文化街区作为占位钟楼的重要文旅街区，是以秦腔文化和秦腔艺术为核心的陕西戏曲集结地。

露天戏台常年进行秦腔表演，观众在台下观看。不同于其他戏曲需要在茶楼、戏园、舞台等室内场景演出，秦腔更强调戏曲的感染力以及与群众的互动性，因此露天戏台的搭建可以再现"万人齐吼秦腔"的场景，有利于重塑千年古城的文化新高地。对于演员而言，露天舞台能够更直接地看到观众的反馈，拉近与观众的距离，增强演员的舞台表现力。对于游客而言，露天舞台提供了不进剧场也能欣赏经典秦腔演出的渠道，更能激发观众的兴趣。

秦腔艺术博物馆通过实物等的展出，见证秦腔的发展演变和艺术成就。在易俗社百年博物馆中，新一代的年轻人可以感受到易俗社百年的风雨历程、精神传承，学习先辈们的宝贵精神。[①] 然而仅仅依靠博物馆、戏曲舞台带动街区可持续发展是不够的。由于博物馆与舞台主要以宣传秦腔这一非物质文化遗产为主，街区很难通过它们形成盈利循环，因此易俗社在其中加入的东邦哥情景式体验文化区便发挥了重要作用，为街区注入新活力。

作为街区的首个"破圈"场景，东邦哥情景式体验文化区凭借独特的创意与特色成为现象级拍照打卡地，对游客免费开放，为街区引导客流量。东邦哥在西安话是"东半个""东边"的意思，指街区位于东大街上。东邦哥充分利用 7,300 多平方米的地下创意空间，以"怀旧"为主题，内含彩色霓虹灯、老缝纫机、老电视机、老式公交车与站牌等老物件与旧场景，使游客拍照十分"出片"，展现了 20 世纪 80 年代的西安记忆。

---

① 赵嘉钰. 弘扬秦腔文化 铭刻西安印象——多元融合打造易俗社文化街区公共文化新空间 [J]. 百花，2022（9）：28-29.

图 5-8　易俗社文化街区——东邦哥情景式体验文化区[①]

不同于改革开放后经济发展迅速的东部沿海地区，改革开放给西安带来了独特的内陆活力。西安市作为陕西省省会，在经济方面发展并不领先，但老西安人的生活宁静悠长，保持着自己的发展节奏，游客可以在东邦哥身上感受到西安人的自在与情趣。走出街区到东大街上，也能透过路边法国梧桐的光影感受西安这座城市的魅力。2021年国庆黄金周期间，累计有25.7万名市民游客通过朋友圈、抖音、小红书等媒介与家人、朋友分享在东邦哥情景式体验文化区的所见所闻（图5-8）。

除此之外，西安市政府与曲江新区政府引入西安老字号美食、新华书店、钟楼邮局进入园区。曾经的老字号店铺由于城市发展，许多都被迫迁移离开城区。此次园区将店铺重新引回钟楼街区，不仅有利于园区发展，吸引游客品尝西安传统美食，也有利于老城区转型升级。

（二）主要启发

1. 修建街区的必要性

易俗社文化街区地理位置在西安核心商业中心——钟楼商圈附近，作为国家文物保护单位，易俗社是民国时期剧场建筑，具有典型的明清建筑风格，但它也面临着土地利用效率低、商业活力衰退、空间阻断严重、居住密

[①] 互动值拉满！这8个沉浸式新场景你pick谁？［EB/OL］.（2023-07-04）［2023-08-06］.https://mp.weixin.qq.com/s/BU4C4X14ztDTAqVid1vIsw.

度过高、文物保护效果差等问题，因此转型升级刻不容缓。

2. 修建街区的重要性

易俗社文化街区项目在西安市政府、曲江新区政府的支持下，于2021年9月改造建设完成后，在提高人民生活环境质量的同时，也走出了一条城市建设、文化遗产保护与市场经营并重的发展之路，成为传承秦腔艺术、繁荣文艺和商业市场、弘扬优秀传统文化的主阵地。

易俗社文化街区有助于优化城区环境。项目改造通过修缮老旧建筑、沿街商铺外立面，改善给排水、雨污水、燃气、交通、照明、绿化、通信等配套市政设施，一方面提高了人民的生活水平，另一方面改善了城市环境和城市形象，完善了区域功能，一改老城区的旧面貌。街区还直接或间接地产生了巨大的经济效益，其中的美食、剧场、情景式体验文化区与文物保护、文化传承相结合，树立了以秦腔文化为标志性的城市空间节点和旅游景观，提高了碑林区乃至西安城的知名度，创造了良好的投资环境，吸引了大批投资者，获得了新的经济增长点。

易俗社文化街区促进旅游业发展。该项目作为我国第十四届全运会的配套项目，其建设适应了城市发展旅游的需要，通过街区具有秦腔特色的公共空间的发掘、整理、美化、改造，为西安旅游业增添了良好的硬件条件和文化名片，形成经济和旅游资源互补的模式。街区改造创造了积极的城市空间，吸引大量的戏迷、潮流乐队、相声、脱口秀爱好者、文创、餐饮等消费人群，促进街区以及东大街、北大街、钟楼商圈的商业、娱乐等第三产业的发展，提升城市公共文化服务。

作为全国首个戏曲文化街区，易俗社文化街区满足了人们在充满人情味、活力、艺术文化气息的环境中进行休闲、社会交往等活动的需要，成为彰显陕西文化魅力的城市文化新窗口。①

---

① 田野. 打造"文化传承＋城市更新"新模式——以西安易俗社文化街区有机更新项目为例[J]. 城乡建设，2022（2）：38-41.

（三）暂存问题

易俗社如何平衡文化街区中吸引年轻人的新潮形式与保护非遗秦腔文化的核心内容，不过度追求商业化，而是利用"网红打卡街区"吸引游客了解非遗？

由于西安文化资源丰富，许多投资商纷纷在西安修建文化街区。西安第一批改造的厂房艺术区之一是大华·1935，此后半坡国际艺术区、老钢厂艺术区等纷纷建成，为西安市民提供文化服务。然而文化街区内同质化较严重，常常缺少特色，所以它们难以长久发展。易俗社文化街区有传承活化非遗的一面，但街区内部分店铺的构成还是有生拼硬凑之嫌，如果无法及时在商业管理方面推陈出新，在舞台方面展现秦腔魅力，便难以培养"回头客"。随着营业时间的逐渐增长，待参观者的新鲜感褪去，如何吸引市民及游客再次前来游玩、感受非遗魅力、获得稳定长久的发展是个难题。

三、结语

西安易俗社文化街区以其独特的魅力和丰富的文化内涵吸引着无数游客前来探访。它不仅是一个展示传统秦腔艺术的平台，更是一个传承与创新相结合的文化街区；它不仅保留了传统秦腔艺术的精髓，还将其与现代元素相结合，推出了一系列创新性的文化产品。这种传承与创新相结合的方式，使得易俗社文化街区在激烈的市场竞争中脱颖而出，成为西安文化旅游的一大亮点。随着新世代消费群体逐渐成为消费主力，人们不再满足于单一目的性消费，而是追求具有高附加值的体验性消费。需将特色文化与美食、演艺、文创、零售等业态相融合，聚集出可体验、可娱乐、可消费的"文化+"街区，构建出在地休闲和文旅消费升级新场景，推动地区经济持续健康发展、消费活力不断提升。

案例三　漫步古街老巷　打卡世遗
——泉州古城 City Walk

一、案例简介

（一）背景介绍

2017年，泉州市全面启动古城保护传承计划，以"见人、见物、见生活"为理念，持续匠心修缮提升街巷品质、精心活化精品业态、用心还原历史风貌。乘着入列世界遗产城市和近年来"City Walk"（城市漫步）旅游方式兴起的东风，泉州古城满足了大众游客希望以更深入的漫步方式走进城市景观、建筑古迹、街头巷尾，深挖一座城市的历史底蕴和人文色彩，直接触碰一座城市和生活在其中的人的需求。

（二）具体方式

在泉州市文旅局的统筹协调下，泉州古城推出了 10 条 City Walk 路线，其中 6 条线路与泉州世遗景点、非遗项目体验相关度较高，可将其分为世遗景点游和非遗体验游。

1. 世遗景点游

该游览主题包括线路"刺桐史迹经典路线""精华世遗游"等线路。线路以"泉州：宋元中国的世界海洋贸易中心"为主题，围绕世遗景点展开，3条线路共包括8个世遗景点，分别为开元寺、南外宗正司遗址、泉州市舶司遗址、府文庙、清净寺、德济门遗址、天后宫、顺济桥遗址。游客可"穿越"进宋元时期的泉州，感受古代中国的海洋文化。

开元寺，这座唐代古刹是宋元时期泉州规模最大、地位最突出的佛教寺院；南外宗正司遗址作为南宋管理皇族宗室事务的机构，出土了很多瓷器，是与皇族有关的重要线索；泉州市舶司遗址为古代海关，是宋元时期管理海洋贸易事务的行政机构，遗址旁的水仙宫设有展览，讲述泉州市舶司的历史；府文庙从古至今都是热闹繁华之地，这座院落式建筑群也是儒家文化目前在泉州最有代表性的实物载体；清净寺是现存最古老的伊斯兰教寺；宋元泉州城的南门遗址德济门遗址被称为"露天博物馆"，旁边是天后宫，这里在古代曾是外来商人、货物进入泉州城的第一站，如今也是海内外信众祭祀妈祖的重要场所；顺济桥遗址则是始建于1211年的南宋名桥，如一架残破的古琴横跨在晋江两岸。①

2. 非遗体验游

该游览主题包括"在地文化体验游""研学亲子游"线路，以体验泉州市非遗项目为主，包括民间音乐——泉州南音、传统戏曲——梨园戏与木偶戏、传统美术——灯彩（泉州花灯），以及与上述文化表现形式相关的文化空间。

"在地文化体验游"中经过的泉州南音艺苑与泉州梨园古典剧院每个月都有惠民演出，素有"中国传统音乐活化石"之称的泉州南音与被誉为"古南戏活化石"的梨园戏，犹如花开并蒂的两枝姐妹花，分别被列入人类非物质文化遗产代表作名录与国家级非物质文化遗产代表性项目名录。通政巷的泉州木偶剧团以小剧场的形式每周上演提线木偶表演，观众可感受国家级非物质文化遗产代表性项目——泉州提线木偶戏的魅力。

---

① CityWalk 漫游泉州古城|VOL.03 精华世遗游［EB/OL］.（2021-11-24）［2023-08-06］. https://mp.weixin.qq.com/s/ZH6aZa4af0vHr1EotN-t-g.

在"研学亲子游"中,陈晓萍花灯传习所的彩灯琳琅满目,精致小巧又独具创意,其中灯彩(泉州花灯)也是国家级非物质文化遗产代表性项目。泉州花灯在造型上简约玲珑、收放自然、比例协调,其设计遵循内容与形式完整统一的原则,通过形体的大小、方圆、俯仰、开启、收放以及线条的曲直、张弛、缓急、长短等变化,体现作品的意蕴,以求达到实用与美感的结合,给人以和谐、安稳的感觉。

此外,播客《博物志》在小宇宙App推出了《来去泉州》特辑,听众可以一边听着播客中导览人对泉州古城的讲解,一边按节目推荐的路线游览这座城市。

二、案例分析

(一)泉州——世界遗产城市

泉州是我国首批历史文化名城之一、首个东亚文化之都,还是联合国教科文组织唯一认定的海上丝绸之路起点。[①]2021年7月25日,在第44届世界遗产大会上,中国申报的"泉州:宋元中国的世界海洋商贸中心"项目获得通过,这也成为中国第56个世界遗产,泉州成为世界遗产城市。

作为宋元时期中国的世界海洋商贸中心,泉州申遗提供的22个遗产点是历史繁荣的最佳见证。它们由一系列多元社群宗教建筑和造像、行政管理机构与设施遗址、陶瓷和冶铁生产基地,以及由桥梁、码头、航标塔组成的水陆交通网络组成,具体包括九日山祈风石刻、市舶司遗址、德济门遗址、天后宫、真武庙、南外宗正司遗址、府文庙、开元寺、老君岩造像、清净寺、伊斯兰教圣墓、草庵摩尼光佛造像、磁灶窑址、德化窑址、安溪青阳下

---

① 苏璐璐. 趣味化设计在文创产品设计中的应用——以泉州非遗文创产品为例[J]. 大观,2023(5):99-101.

草埔冶铁遗址、洛阳桥、安平桥、顺济桥遗址、江口码头、石湖码头、六胜塔、万寿塔。① 泉州官方推荐的 City Walk 线路"精华世遗游"集合了老城区的大多数世遗景点,具有极高的游览价值。

作为世遗之城,泉州还是全国唯一拥有联合国三大类非遗项目的城市,包括世界级非遗 6 项、国家级非遗 36 项、省级非遗 128 项、市级非遗 262 项、县级非遗 628 项,这些项目的魅力人们都可以在 City Walk 过程中深刻地感受到。

泉州南音是中国古老的民间音乐,风格古朴幽雅、曲调优美流畅、声韵委婉深情,是我国目前保存下来最完整、最丰富的一种乐种,被誉为"中国古代音乐的活化石",于 2009 年被列入人类非物质文化遗产代表作名录。南音音乐包括"指、谱、曲"三类:"指"是含有词、谱及琵琶指法,以表现历史人物故事为内容的大曲;"谱"是只有谱而没有词的器乐表演谱;"曲"即散曲,只唱不说,分为叙事、写景、抒情三大类,数量最多。传统的南音演唱需要搭锦棚,演唱与乐器演奏都礼仪严谨。② 泉州梨园戏最早起源于宋元时期,传承至今已有 800 多年的历史,被誉为"宋元南戏活化石",如今该戏曲已经被列入国家级非遗项目(图 5-9)。③ 游客可以在 City Walk 线路"在地文化体验游"中体验南音和梨园戏。

图 5-9 泉州南音 ④

泉州提线木偶戏作为闽南地区极具代表性的戏曲文化,是唯一历经千年的传承与发展而不间断的傀儡戏种,如今成为泉州对外交流最为频繁的地方性剧种,它走出福建,走向世界

---

① 朱洁树.泉州二度申遗成功 见证宋元时期亚洲海洋商贸繁荣[N].第一财经日报,2021-07-27(A12).
② 谢晶晶.泉州南音非物质文化遗产保护研究[D].武汉:华中师范大学,2018.
③ 李小曼.泉州新编梨园戏现状及其发展对策研究[D].南昌:南昌大学,2022.
④ 【音乐里的青春】泉州南音:走向世界的音乐"活化石"[EB/OL].(2024-01-29)[2024-03-06].https://mp.weixin.qq.com/s/EvslHdpZpiegu9OBVwXbOA.

（图 5-10）。① 在 City Walk 路线"在地文化体验游""研学亲子游"中，通政巷的泉州木偶剧团以小剧场的形式每周上演非遗提线木偶表演，游客可以在步行游览的过程中欣赏提线木偶演出，实地体验这一非遗项目。

灯彩（泉州花灯）制作起于唐代，盛于宋元。古时，泉州花灯大多采用彩扎工艺制作。明清时期，泉州玻璃制造业发展起来，出现了把玻璃抽成丝的料丝灯。清朝末年，泉州刻纸大师李尧宝独创了李尧宝刻纸图案，创作出精美绝伦的刻纸灯，提高了泉州花灯的艺术含量。泉州花灯从简单到复杂，从单一品种到多种多样，从纸扎工艺到刻纸工艺，历经了 1,000 多年的发展史，凝聚了一代代能工巧匠的辛勤劳作和聪明才智，最终在中国灯彩艺园中独树一帜，乃至在海外广获赞誉。③ 在 City Walk 线路"研学亲子游"中，父母可以带着孩子欣赏陈晓萍花灯传习所的花灯作品，体验花灯扎制，感受非遗的魅力（图 5-11）。

图 5-10　泉州提线木偶戏《小沙弥下山》②

图 5-11　灯彩（泉州花灯）④

闽南传统民居营造技艺作为中国传统建筑营造技艺的一大流派，于

---

① 庄幼红. 泉州提线木偶戏的流变与传播研究［D］. 福州：福建师范大学，2015.
② 认识剧种 | 悬丝指尖，演绎万千——泉州提线木偶戏［EB/OL］.（2023-03-07）［2023-08-06］. https://mp.weixin.qq.com/s/wrbVhkb4nK0EZaXavoVNxg.
③ 王敏霞，曾世彬. 泉州花灯：浓浓烟火气［N］. 福建日报，2023-02-14（12）.
④ 大片来袭！国家级非遗泉州花灯的前世今生［EB/OL］.（2023-02-04）［2023-08-06］. https://mp.weixin.qq.com/s/aFadv-6cmC3dg8yMYNKuHg.

2009年被列入人类非物质文化遗产代表作名录，它拥有完善的工种配置和健全的工匠组织管理制度，燕尾脊、红砖瓦、石木雕刻、油饰彩绘、交趾陶、剪粘等独特的建筑表现形式在闽南村落中随处可见（图5-12）。[①] 闽南传统民居分布在泉州市区，博客《博物志》中《万井烟景：鲤城区巷子》一集为听众、游客介绍了泉州传统民居的魅力。City Walk 线路"在地文化体验游"中，游客可以参观府里闽南城市复合空间与白水皓兮茶艺空间，它们以传统建筑为主体，又结合了现代建筑美学和闽南文化，别具一番风味。

图 5-12　闽南传统民居营造技艺——杨阿苗故居[②]

（二）City Walk 带来的机遇与挑战

City Walk 起源于英国伦敦，这种休闲、慢节奏的出游方式逐渐成为都市旅游新宠。其泛指以行走或骑行的方式走进街头巷尾，从历史、地理、人文、风俗等方面，对城市产生新的理解。[③]

国内，City Walk 率先在北京、上海得到发展。2014年上海市旅游局推出了

[①] 林俊程.闽南民居传统营造技艺阐释与展示研究［D］.北京：北京建筑大学，2018.

[②] 蒋钦全.【闽南传统建筑营造技艺】匠心录｜静思究创新｜闽南红砖民居建筑典范——杨阿苗故居营造特色赏析［EB/OL］.（2020-08-11）[2023-08-06].https://mp.weixin.qq.com/s/EvSz-Ut7vqIxYuSlGwmgLw.

[③] 朱润楠.Citywalk 都市休闲新样态［N］.人民政协报，2023-06-02（9）.

"微游上海"活动品牌,开发了6个主题的"微旅行线路",以展示海派文化。2018年,北京市东城区文化和旅游局创立了"故宫以东"文旅品牌,与美团联合推出"故宫以东美团旗舰店",将City Walk作为其系列旅游产品之一。

然而,City Walk旅游形式盈利较为困难,漫游线路的开发时间长,因此个体投资者经营会面临高成本的难题。City Walk线路中创造消费场景也具有一定难度,如果仅仅对打卡地做商业化运作却没有真正结合线路的文化历史,容易变成网红化的产物,导致商业周期不长,因此不能给活动过多的卡点限制。[1]

对游客而言,泉州官方与《博物志》播客为古城City Walk设计的数条线路,既为游客展现了泉州的不同面,也满足了游客的不同需求。不同于传统的走马观花式旅行,City Walk让游客提高了融入泉州城市的体验感,在跟随旅行线路探索景点时了解当地的生活模式、生活节奏并体验美食,具有很高的性价比。此外,虽然官方制定的推荐线路以特定的非遗项目、世遗景点等为主,但泉州古城的魅力不仅仅在于打卡点,还有深厚的人文情怀与泉州人作为沿海地区人民的性格特点——豪迈豁达、敢拼敢赢、不拘于现状,游客都可在漫游中细细体会。

对于非遗项目与世遗景点,City Walk旅游形式助力形成"非遗传播+文化旅游"模式。文化和旅游深度融合的过程有利于推动泉州非遗从"区域"走向"全域"。游客在游览过程中购买产品、拍照分享、体验项目等行为,能够扩大非遗衍生产品的市场,并有助于泉州古城在互联网上的城市营销,实现非遗数字化传播。泉州古城City Walk项目还有助于塑造泉州城市品牌形象,发展区域文化,传承历史与非遗,打造城市精神,并带动当地旅游经济发展,提高居民幸福感;同时,增加政府财政收入,政府可以将更多资金投入老城改造,最终形成正向循环。[2]

---

[1] 黎竹,刘旺.商业赋能城市漫游 解锁消费新场景[N].中国经营报,2023-06-26(D02).
[2] 徐竟芳.文化自信视域下城市品牌提升工作研究——以申遗成功后的泉州为例[J].湖北第二师范学院学报,2023(4):52-57.

泉州古城 City Walk 线路以文化历史深度游为主，因此对泉州市的整体形象要求较高，否则将直接影响游客的旅游体验及对城市的印象。泉州老城区须有效保留传统特色，其盈利模式以高质量文创产品、沿街便利店、餐厅与住宿为主，政府鼓励相关店铺开设在 City Walk 沿线，方便游客购物、休息、享受美食。同时，相关企业可将泉州的非遗元素巧妙融入"吃、住、行、游、购、娱"各环节。

（三）其他创新方式

《博物志》播客在小宇宙 App 推出了付费特辑《来去泉州》，支付 25 元订阅费后，听众可以收获 5 集播客与配套的 PDF 文件。播客采取"异步直播"的形式，在泉州游览的听众可以跟随导览人李以健（又名泉州老李）对泉州古城世遗点的讲解，按节目推荐的线路边走边感受这座城市。

播客在传播渠道和传播方式上沿袭了博客等自媒体的传播特征，但在内容形式上则将博客丰富为视听复合体。一方面，播客以其去中心化的模式及影像数据库的构建与共享，极大扩展了受众的选择范围，并直接为受众提供了内容选择的自由，使影像成为受众可以随身、随时、随地观看的文化消费品；另一方面，播客在评论形式上沿袭了博客等互动舆论媒体模式，受众可以用文字的形式自由地对播客作品进行评论，或以链接、转载等形式进行自由传播。①《来去泉州》播客特辑助力泉州的文化宣传和旅游推广。

截至 2023 年 7 月 26 日，《来去泉州》已经有 5,658 位听众购买，每期节目的评论都在一两百条左右。网友好评如潮，许多听众在评论区感慨"跟着《来去泉州》的导览几乎跑全了 5 条线路，25 元花得真值啊"，更有不少听众在旅行的途中与另一位在听《来去泉州》的听众相遇。用音频

---

① 王长潇，张晓达.播客自媒体发展的社会语境及影响力分析［J］.新闻界，2009（3）：69-71.

的方式带领游客 City Walk，从他人口中了解城市，是一种适合城市漫游的方式。

三、结语

City Walk 本身带有"沉浸式"的属性，它不同于走马观花和街头闲逛，也一改往常点对点式的游览方式，强调引导游客浸入某种特定的主题场景之中，其主题可以是历史的、文化的、艺术的抑或是自然生态的，从而让游客与城市进行一次完整的、成体系而有深度的对话，沉浸式体验城市的过去、现在甚至是未来。①

泉州，这座拥有丰富历史文化遗产的城市，其以独特的闽南风情和深厚的文化底蕴吸引着无数游客。City Walk 的线路设计之巧妙，将泉州古城内的众多历史文化景点串联起来，使游客在漫步中领略到古城的风貌与韵味。除了历史文化景点，泉州古城 City Walk 还融入了当地的民俗风情。游客在漫步中可以品尝到地道的闽南小吃，如土笋冻、烧肉粽等，感受泉州美食的独特魅力。此外，游客还可以在街头巷尾欣赏到传统的闽南戏曲表演，如梨园戏、高甲戏等，感受泉州非遗的多姿多彩。泉州古城 City Walk 不仅是一次视觉的盛宴，更是一次心灵的洗礼。在漫步中，游客能够感受到泉州人民的热情与淳朴，体会到这座城市的包容与开放。泉州古城以其独特的魅力，让每一个到访的游客都留下了深刻的印象。

乘着入列世界遗产城市和近年来"City Walk"旅游方式兴起的东风，泉州古城能满足大众游客希望以更深入的漫步方式走进城市景观、建筑古迹、街头巷尾，深挖一座城市的历史底蕴和人文色彩，直接触碰一座城市和生活在其中的人们。

---

① City Walk 走红背后的原因思考［EB/OL］.（2023-08-29）［2023-09-06］.https://mp.weixin.qq.com/s/WWV4jDJNuE4w7R9FVEhVWA.

第六章
非遗跨界传播案例

- 案例一　云南非遗在电视剧《去有风的地方》的呈现与破圈传播
- 案例二　网络剧主流导向与观众口碑的密码——非遗元素网剧《为有暗香来》
- 案例三　媒介生产意义——潍坊风筝"出圈"之路
- 案例四　当"老手艺"遇上新青年——潮玩也非遗
- 案例五　传统文化新玩法——非遗植入网游

案例一 云南非遗在电视剧《去有风的地方》的呈现与破圈传播

一、案例简介

2023年年初,田园治愈剧《去有风的地方》热播,电视剧收获了广泛关注的同时,也产生了"一部剧带火一座城"的现象级效应。《去有风的地方》除了展现云南的美景美食和民俗风情之外,也让云南剑川木雕、白族扎染、白族刺绣、瓦猫、甲马等非遗项目走入观众视野,让观众在剧中认识到非遗当下面临的传承挑战与转型机遇。

(一)剑川木雕

大理剑川是滇藏茶马古道上的千年重镇,也是"木雕之乡"。剑川的木雕风格将本地审美的粗犷与江南木雕的细腻精巧恰到好处地糅合在一起,手工师傅能雕得"金龙腾空舞",刻出"雄鸡报五更",凿成"百鸟枝头唱"。剑川木雕能做古建筑的雕饰,如斗拱、门楣、格子门、八仙桌等,还能雕刻民间乐器,如龙头三弦上的龙头和音窗。如今更是飞入寻常百姓家,木雕工艺品成了日常用品,可制作成茶盘、箱柜、笔架等。2011年,剑川木雕被列入第三批国家级非物质文化遗产代表性项目名录。①

(二) 白族扎染

扎染古称"绞缬",是中国古老的纺织品染色技艺,是一门历史悠久的工艺美术种类。白族扎染有1,500多年的历史,从唐代开始就是云南的民间时尚,还被钦定为贡品。扎染一般以棉白布或棉麻白布为原料,染料是植物蓝靛,俗称板蓝根。传统的手工扎染具有实用性和艺术性的双重功能,且制作工艺简便、有趣,具有丰富的创造性和独特的艺术风格。扎染分为扎结和染色两部分,通过纱、线、绳等工具,对织物进行绞、缝、扎、捆、撮、叠、缚、夹等多种形式组合后再进行染色,从而形成深浅不均、层次丰富的色晕和皱印。白族扎染技艺被列入第一批国家级非物质文化遗产代表性项目名录,主要流传于大理周城、喜洲和巍山等地,其中白族周城被文化和旅游部命名为"扎染艺术之乡"。②

(三) 白族刺绣

白族刺绣的工艺源远流长,同时也融合了各民族的刺绣工艺,运用当地独特的文化审美,创造了独树一帜的刺绣艺术,用来装饰自己的生活,广泛应用于服饰、头饰、鞋帽、裹肚、枕套、帐帘等生活用品。白族的围裙、鞋子的刺绣更为讲究,一双鞋子的刺绣往往要花上六七天时间。船形绣鞋在当地颇有名气,鞋形似木船,又演变为鸡冠鞋、鱼形鞋等,特点是鞋头高翘,鞋尾有尾扣,鞋帮绣上各色图案。③

---

① 木雕(剑川木雕)[EB/OL].(undated)[2023-08-06].https://www.ihchina.cn/Article/Index/detail?id=14138.
② 白族扎染技艺[EB/OL].(undated)[2023-08-06].https://www.ihchina.cn/project_details/14304.
③ 【大理非遗】白族刺绣:指尖上的艺术 丝线中的美好[EB/OL].(2021-12-23)[2023-08-06].https://mp.weixin.qq.com/s?__biz=MzI1MzAxMDc3OA==&mid=2694501713&idx=4&sn=622db8ce566302cc82ee2c4c0f2fc3ae&chksm=ccb48364fbc30a72cb510eb76a51c235d385c5af504a736d17bfbd1db5294743754c59203da7&scene=27.

(四)瓦猫

瓦猫,又叫镇脊虎、吉祥虎等,是一种以虎为原型再创作的民间工艺品,是云南特有的看家护宅的镇宅神兽。作为一种传统手工艺品,瓦猫是结合了当地人民的传统文化、审美意识,经过巧妙构思制作而成的民居屋脊专用神兽造型。大理地区的瓦猫大多造型夸张,大嘴、蹲姿,虎气十足,是白族建筑中最常见的驱恶辟邪的吉祥物。以用途区分,瓦猫可分为脊猫、带猫、角猫、门猫四大类,其中又因造型上的各有特色,各类瓦猫摆放的位置各不相同,寓意也有差别。①

(五)甲马

甲马,又称纸马、神纸,是中国民间宗教进行祈福消灾祭祀活动时,用来焚烧的各类雕版印刷品的总称。甲马上印刷的内容可谓名目繁多,一般有飞禽走兽、自然山川、建筑交通等各类图形,是一份极其珍贵的民间文化遗产。在大理,使用甲马的民族主要有白族、彝族、汉族三个民族。白族的"本主"、彝族的"土主"与来自汉文化的"甲马"互相吸纳、融为一体。甲马的图案非常多,印刻不同的图案就会有不同的效果。比如:木匠常挂"鲁班",风调雨顺挂"洱海之神",苍山防火挂"山林草木神"。②

借助电视剧《去有风的地方》的热播与影响,云南的这几项非物质文化遗产项目进入观众的视野,激发了观众对于当地非遗及传统文化的兴趣,促进了文化传播。联合国教科文组织的官方微博也点赞《去有风的地方》对非遗的"破圈"传播,称赞演员李现在剧中扮演的青年谢之遥回乡创业,在保护和传承非物质文化遗产的同时盘活当地经济。

---

① 乐享云南丨土·大理瓦猫[EB/OL].(2022-10-01)[2023-08-06].https://m.thepaper.cn/baijiahao_20145981.
② 云南古村落非遗手工与艺术[EB/OL].(2022-11-07)[2023-08-06].http://mp.weixin.qq.com/s/DHvpcTu8m EE81kRCAdeLjg.

二、案例分析

（一）电视剧传播非遗

电视剧是一种喜闻乐见的大众传播方式，对于文化传播、意义构建与活态传承起着重要作用，因此，它也可以成为非物质文化遗产的重要传播媒介之一。电视剧拥有广泛的受众基础，可以打破非遗传播的边界，扩大传播的范围，通过故事化、生活化的方式将非遗植入群众的日常生活中。

在电视剧领域，政策指引影视产业承担文化传承职能。在电视剧中呈现和传播非遗受到制作方和观众的关注与认同，在不断探索的过程中，与非遗相关的电视剧逐渐走向成熟和多样化，包含非遗元素的电视剧数量稳步上升。如电视剧《延禧攻略》《鬓边不是海棠红》《如懿传》《长安十二时辰》《山海情》中呈现的非遗受到了众多观众的关注与喜爱。

非遗元素出现在电视剧中可以提高电视剧的精致感、历史感和审美水平，是考量电视剧制作方水平的参考因素，也是电视剧是否能深入人心、获得成功的重要因素。但从整体来看，目前这类剧的市场仍处于基础发展阶段，在整个电视剧市场中占比较少。

（二）电视剧《去有风的地方》中非遗的呈现方式

1. 作为次要线索

在电视剧《去有风的地方》中，非遗作为影视剧的次要线索推动情节发展。本剧主线剧情讲述了一个田园治愈故事，离开都市寻找自我的许红豆与辞职返乡创业的谢之遥，在大理云苗村结识一众性格鲜明的村民和有着不同经历的租客，大家彼此扶持、积极向上，一起发展村子、振兴家乡，反映了当代年轻人多元包容的人生选择和价值取向。

在主线剧情中，编剧巧妙地将剑川木雕、白族扎染、白族刺绣等非物质文化遗产项目融入其中作为次要线索，展示当地非遗传承人的现状与情怀。剧中讲述了当前非遗所处的市场困境，如随着机雕工艺抢占市场，手工雕刻不再受欢迎，木雕师傅谢和顺生意衰败。在这段剧情中，返乡创业的投资人谢之遥，为手工木雕画创造出品牌故事，最后成功让酒店老板选择购买可以展现历史底蕴的非遗手工木雕作为酒店装饰。剧中还有当地非遗的求新求变这一次要剧情线，如刺绣大师怀兰积极追随时代潮流，以参加电视节目、非遗博览会等方式传播当地特有的刺绣文化；谢之遥将乡村、非遗、电商结合起来，借助非遗的现代转型盘活云苗村经济，让当地特色食物鲜花饼、乳扇等走向大众。

2. 作为日常背景

在《去有风的地方》中，剑川木雕、白族扎染、白族刺绣、瓦猫、甲马等大理当地特色非遗元素经常作为背景、道具或服饰，出现在主角日常生活中。在这部剧中，剧组制作方将非遗以视觉元素及艺术化方式呈现，将非遗很自然、巧妙地融入电视剧中，从观看的层面提升整部剧的审美水平与体验。同时借用具有地域文化特征的非遗元素，调和电视剧的娱乐属性，增加其中的文化底蕴与公益色彩，实现口碑和市场的双丰收。

（三）电视剧《去有风的地方》有效传播非遗的成功经验

1. 审美细节——抓住地域特色

电视剧《去有风的地方》在制作时抓住地域生活特色与细节，将文化自然融入其中，增强观众的认同感与沉浸感，满足了受众对大理乡土治愈感的审美需求。

一是就地取景取材，展现当地的自然地理环境。剧组以云南大理为中心向四周辐射，在剑川、凤阳邑、沙溪古镇、洱源县等富含白族文化元素的村落取景，营造大理当地的"闲观来去岁月长"的治愈风，呈现出大量具有岁月感的当地街道及建筑风格，家居道具也都从当地淘换。为了展现"云苗村"的风格,剧组找寻了云南的古村落,主角居住的"有风小院"就选择了凤阳邑茶马古道上的一个村落,而其他村民的家和地点也都是经过反复衡量、规划而成的角色生活环境。

二是深入当地的生活细节,展现社会人文。剧中也常用美食推进剧情,人物所食均是大理特色,比如许红豆吃水性杨花汤、跟宝瓶婶学做鲜花饼、摘青梅等,增强人间烟火感,抓住观众的味蕾,带火当地特色美食。同时在剧情中,《去有风的地方》与云苗村的民风一脉相承,邻里间无论老少都勤劳肯干、各有所长、热情大方,他们会在日常生活中拌嘴也会在困难中相助,会经常分享自家食物,这部剧将当地人温暖纯朴的民风展现得淋漓尽致,深谙大理的内在气质,因此在人物互动中融入一些非遗元素的活动背景就十分自然贴合。此外,剧中的白族迎客舞背景音乐的龙头三弦、"当地人"说着的云南方言、吃菌子中毒的"云南人专属"剧情、家中刺绣瓦猫摆摊等情节都自然地体现了大理当地的很多人文特色,包括方言、当地人性格、生活习惯、娱乐方式等。

2. 空间背景——非遗符号与解码

在《去有风的地方》中,非遗通过电视剧媒介,以视听符号的形式,形成剧情中的人文空间背景,再现在观众的面前。主角衣服样式中的扎染、刺绣,生活环境中的刺绣、瓦猫,剧情背景空间装饰的甲马、木雕等,形成了观众对大理及其物理空间上的一种非遗符号记忆。借助电视剧媒介,结合故事情节的展开,观众通过凝视,主动体会屏幕中展示的非遗物件与景观,并通过想象来理解和认知不同地域的文化特征,实现对非遗的解读与记忆。于是,非遗元素就通过符号化的方式,让观众通过观看、凝视、想象,来对当地非遗进行解码与自我意识的重构,达到对当地非遗的理解和传播。

3. 传播策略——多元传播态势

《去有风的地方》播出后的营销与宣传实现了广泛深入的多元传播态势。其主要使用了两种传播策略:

一是剧中呈现,剧外宣传。随着互联网技术的发展,媒介技术的变革打破非遗在传播中的时空限制，电视剧可以结合多种新兴媒介实现多元传播的宣传效果，拓宽传播途径。在传统媒体中，该剧在湖南卫视独播剧场播出，还获得了《人民日报》、新华社等主流媒体发文点评、点赞；同时在抖音、微博、小红书等平台形成新媒体矩阵的联合营销，"总要去一趟有风的地方"等话题席卷社交平台，各种非遗话题讨论更加放大了电视剧中的非遗。

二是线上线下融媒传播。在《去有风的地方》火热出圈后，云南大理官方抓住电视剧带来的热度，持续进行线上线下融媒体传播。既于线下全国"两会"期间开办主题展览《云南——有风的地方》，又于线上推出"这里是云南"的特别策划和"有一种叫云南的生活"的专题，全网阅读量超 2.5 亿次。电视剧带来的"追风"热潮，通过多元形式深化传播，促进了云南大理的旅游增长，同时也带动了许多当地非遗体验在全网的推广。

三、结语

《去有风的地方》这部电视剧以非遗和旅游为两大核心元素，巧妙编织出了一个既富有文化底蕴又充满人文关怀的故事。

从非遗的角度来看，电视剧深入挖掘当地独特的传统工艺，展现了"非遗"文化的精湛技艺和古朴风格，对宣传和保护非遗起到了积极推动作用。在剧中，我们可以看到许多非遗技艺的展示，如手工编织、刺绣、陶艺等，这些非遗不仅是技艺的传承，更是历史文化的积淀。电视剧通过镜头语言和故事情节，将这些技艺生动地呈现在观众面前，让人们能够近距离地感受到"非遗"文化的独特魅力。同时，电视剧还通过人物形象的塑造，展现了非遗传承人的坚韧和执着。他们用自己的双手和智慧，守护着祖先留下的宝贵财富，让非遗在新时代焕发出新的光彩。这种对非遗的热爱和坚守，也深深地感染了观众，让人们更加关注和支持非遗保护事业。

从旅游的角度来看，《去有风的地方》也展现了一个充满魅力和活力的旅游目的地。电视剧中的拍摄地点风景如画，既有古朴的村落，也有秀美的自然风光，为观众呈现了一幅幅美丽的画卷。电视剧播出后，这些拍摄地点也成为热门的旅游打卡地，吸引了大量的游客前来参观游览。这不仅促进了当地旅游业的发展，也为当地经济注入了新的活力。同时，电视剧还通过故事情节和人物塑造，向观众传递了旅游不仅是观光游览，更是一种文化体验和精神享受的理念。

《去有风的地方》作为一个成功将非物质文化遗产自然呈现于电视剧中，并且达到破圈传播效果的案例，它为电视剧如何作用于非遗传播提供了成功经验借鉴。

案例二　网络剧主流导向与观众口碑的密码
——非遗元素网剧《为有暗香来》

一、案例简介

2023年10月，非遗元素网络剧《为有暗香来》开播，其为众多网友提供了线上感受非遗、共享非遗的不错选择。

网剧《为有暗香来》由欢娱影视出品，定位为古装女性成长疗愈剧，改编自七月荔小说《洗铅华》，由白云默、国浩执导，任亚南担任编剧，周也、王星越、彭楚粤等人领衔主演。《为有暗香来》的主要剧情背景就设置为非遗"传统香制作技艺"的百年香药世家——以济世救人、传承香药为使命的仲家。剧情故事在展开过程中，适时展示了传统制香、品香、用香等一系列工艺技法与生活实践，还将制香行业习俗、仪式礼节等文化空间予以再现，为观众描绘了一幅集知识、趣味、审美于一体的古代制香用香的生活图鉴。

香文化在中华传统文化中的地位和作用是十分独特的，与中国人所独有的精神气质、智识取向、美学观念相映衬。影视作品要传播香文化，就要同步传递制香人的精神与智慧、制香用香环境的意境与审美，该剧即通过考究的场景、服化道设计着力营造这种与香文化相匹配的中式传统生活空间。而传统制香、用香的过程性实践及其丰富文化内涵是非物质文化遗产的核心内容，在该剧中有较多的呈现与演绎。

非物质文化遗产是中华优秀传统文化的重要组成部分，来源于传统而又活态存在于当代人身边。近年来，以非遗为题材要素的影视作品数量与质量都在不断提升，纪录片、综艺、电视剧等形式让人们能在轻松、有趣的氛围中亲近文化、了解传统……从《延禧攻略》开始，一批尊重传统、追求品质的网络剧成为展示中华非遗，让年轻人与非遗相遇、相知的重要渠道，帮助越来越多非遗在年轻人中实现"破圈"。

二、案例分析

（一）嵌置情节发展，呈现中华非遗魅力

传统香制作技艺是国家级非物质文化遗产代表性项目，该项技艺及其文化、科学、艺术等多元价值被巧妙地嵌置在了情节的发展中，随着情节的跌宕起伏，缓缓展开。

在《为有暗香来》中，香药是推动故事发展、暗示人物关系的重要线索，剧中诸多情节冲突均围绕香药展开。例如，在可以算作引发一连串事情的起始事件——"沉水香案"中，仲家丰管牧云平被怀疑使用普通沉香粉冒充沉水香粉，制作沉水香丸卖给顾客。而幕后主使其实是华浅教唆父亲华文昂找到市井高手将普通香药炼制冒充沉水香，从而让牧云平误以为手中的普通香粉是沉水香粉，从而制作售卖了假沉水香丸。因为沉水香含有油脂不易挥发，时间长之后，跟普通沉香相比沉水香会重一些，事情败露后，牧云平在第一世时为证清白，在狱中自缢。在这一连串情节中，牧云平作为主管香料采购与制作的主管，其对待制香严谨认真的工匠精神，和以死明志、刚正

不阿的精神气节，给观众留下了深刻的印象；观众也随着剧情了解到了制香原料的相关知识。

制香的过程在剧情中也有所展示，并与故事的发展紧密结合。传统香制作技艺是运用药碾子、理香尺、切香刀、倒香罐等工具，将香药、木粉、植物粘粉等按比例配比后，经过和料、成型、晾晒、窖藏等工序制成各种香品的纯手工技艺。其采用的原料均为中草药、花香、可食用类香料及沉香、檀香、崖柏等天然香材，具有香化环境、杀菌除味、养生保健、修身养性等作用。① 在剧情后半段，剧中角色长公主有一段制香过程的演示。她将配比均匀的香粉一点点倒入香具中，按压均匀后起模，又引燃放入香炉中。整个过程表现得细致缓慢、凝神聚气，一方面对应长公主借此打压华浅气焰的剧情需要，另一方面也展现了传统制香用香过程的精巧。非遗巧妙地被嵌置在了剧情中，既实现了传统技艺的展示，又配合了剧情发展的节奏铺垫，非遗传播功能与影视剧叙事功能巧妙地结合在了一起。

制香成品——香珠亦是剧情发展的重要道具之一，象征着人物之间的情感变化。剧情一开始，华浅为了与长公主交好，赠送了她一串由多枚香珠串联而成的数珠，每枚香珠都是由一整块香药模切而成，长公主收到后大喜。但随着剧情的发展，长公主与华浅关系急转直下，长公主扯断香珠，与华浅彻底决裂。

制香用香，既是一门文化修养课程，也是一门科学技术课程。为了使当代人有机会接触并产生学习这门课程的兴趣，网剧可以很好地承担先导作用，让观众随着剧情的不断深入，逐渐加深对制香用香的理解，发现香文化的魅力。

---

① 探访中国国家级"非遗"清苑传统制香技艺：香飘海外33年［EB/OL］.（2021-10-28）［2023-09-26］.https://zhuanlan.zhihu.com/p/427193641.

（二）充盈日常细节，传递东方生活美学

《为有暗香来》中运用了大量的非遗等传统文化元素充盈人物活动的日常细节，从人物身上的服饰刺绣、头饰绒花，再到宅府里装饰的瓷器、盆景、园林等，尽显用料、色彩、造型、形态之美，共同传递出典雅大气的东方生活美学。

在仲家家主仲溪午的身上，有着中国传统十二生肖兔子的刺绣；在华文昂的书房里，摆放着盆景与瓷器；仲家园内不仅种植着名贵的香药，还种植着梅花等观赏性植物；主要女性角色头上都佩戴着与其身份和场景相配的绒花头饰，比如，大小姐华浅使用的香沤子，类似于现代的化妆水，由鲜花、香料等蒸馏或浸泡制成，她的房间内常年燃着佛手香熏香。剧中的日常细节，既营造了叙事画面的真实感与视觉上的传统美学，又体现出了中国古代生活的丰富多样。

以绒花为例，绒花寓意祥瑞，包含绒花和绒鸟，大多制成发簪、发钗。传统绒花的用料极其严苛，是一项非常精细的民间手工艺。装饰在发髻中的绒花叫作鬓头花，华浅头上所佩戴的绒花有时颜色鲜艳，以红、绿为主，偏向传统绒花的风格，而有时又小巧婉约，有些偏向南京绒花等传承人当代创新的风格。绒花的绒条以铜丝作为支撑，延展性极强，可以随意弯折，再经过"打尖""修形"等步骤，形成不同的立体造型。绒条也可以用夹板熨平，由立体变平面。绒花多次弯折或者多组绒花组合拼装，可以呈现出厚实紧密、花团锦簇的效果，从而增强整体造型的设计感和立体感。①

在剧中有这样一幕：一根香药横着摆放在器具上，有两个小球由一根细细的线牵连着，一左一右挂在香药上，随着时间的推移，香药一点点被燃尽，悬挂在上面的丝线碰到香头的高温后被燃断，小球正好掉在桌面下方的铜盘里，发出清脆的声响，华浅听到后被吵醒。这是精巧的古代火计时器

---

① 孙凉凉，王思佳．戏剧影视视角下的非遗工艺——以绒花的美学特征与创新发展为例［J］．中国民族博览，2022（21）：51-53．

具，类似的还有龙舟香漏与百刻香印，它可以同时起到熏香与计时的作用，有点像现代的闹钟，因而也被称为"火闹钟"。香漏出现得很早，南朝梁代庾肩吾的《奉和春夜应令》就提到"烧香知夜漏，刻烛验更筹"。

《为有暗香来》以香文化为核心，还有许多香酒、香茶的设计。例如摘星楼上仲家家主拿出来的只有摘星楼才有的月露浓，在剧中是最烈的香酒；华浅与仲夜阑大婚时，华浅哥哥拿敬仲夜阑的墨色天香酒，也是用香料制曲，酒色呈深褐色，是剧中年代最久远的香酒；而华浅哥哥献给父亲的龙麝香茶，不仅可以丰富口感，还具备调理身体的效果。

在一点一滴日常起居的细节中，充斥着制作团队的严谨与用心，也是东方生活美学最鲜活的写照。

（三）植入叙事场景，构建传统文化空间

在《为有暗香来》中，有多场行业仪礼、节俗仪礼、人生仪礼等传统仪式的场景，例如，品香宴、香业祭祖大典、中秋宴、生辰宴、婚宴等，其中的器具摆放、礼乐仪式均依据中国传统文化习俗而定。

剧中最具代表性的品香宴，除了熏香，桌面上的茶水点心也均是香食。长公主示意宴会开始后，侍女拉开侧面的门，阵阵白色的烟雾瞬间涌出，弥漫在宴会上，笼罩了宴会上的众人，众宾客纷纷感慨香味的好闻，称赞仲家香料的富饶充足，有宾客感叹道："香要这么烧才有气势。"这也是源于古代富贵人家用香待客，必要显示富贵奢华。待客时，先密闭侧室，在里面用数十香炉烧香，等到香味充裕，再卷帘或拉开侧门，任其蓬勃而出，如雾缭绕。

在品香宴中，有一重要的猜香环节，猜对香丸所用香料的宾客可以拔得头筹，获得主家准备的奖品。奖品名为避风巴尔撒木香，顾名思义，这是以巴尔撒木香为原料制作的一种闻药，也是古代宫廷重要的常备药品，可用于预防瘟疫、提神醒脑、消除肿痛等。而伍家少主提到的仲家祖传的甲寅梦归丹，则以琥珀为关键原料（剧中为故事效果称为血珀），主安五脏、定魂魄、

杀精魅邪气，用于治疗离魂之症。

猜香环节开始后，主人并不亲自动手燃香，而是由书童代劳。古人追求尽量减少烟气，香味低回而悠长的焚香境界，所以要让香炉中的炭火尽量燃得慢，火势微而久久不灭。书童首先在香炉的细香灰周围戳些孔眼，让氧气与随后放置的燃料充分接触，然后他把烧透的小块炭墼放在香炉中，再用特制的细香灰把炭墼填埋起来。接着，他在香灰上放上一小片云母片，作为薄而硬的"隔火"。[①] 最后，他将香丸放在隔火板上，借灰下炭墼的微火烤焙，慢慢将香味发挥出来。

品香宴上所采用的是寻常的禅悦香，不过却添加了一味特殊的香料——滇南的野生茶，让香味更加清幽舒心。剧中所加的茶叶来自千年的茶树，具有极强的通气药性，只有心情单纯，可以抛开味道去辨别香品的人，才能猜出这味药的出处。这也符合宋代文人的用香，讲究用平常的香料，营造出清雅的意境。

剧中另一典型的文化空间是香业祭祖大典。周围有礼乐相奏，家主经过净手、熏香后，上炷香、放香块，跪拜后供香、献爵、取香方祭祖。层层章程，表现出仲家作为行业世家大族的森严规矩，也体现出古代劳动人民从业敬业的虔诚信仰。

传统民俗仪式是浑然天成的叙事场景，再现这些仪式也有利于在剧中构建传统文化空间，是承载非遗等文化事项的实践场景，让观众能够更好地将非遗与生活联系在一起。

三、结语

回顾近年来"非遗+网剧"的发展历程，可以看到非遗已然成为网剧传

---

① 焚香、爇和炷、含香和食香、熏香，宋代的花样用香方式[EB/OL].（2019-09-02）[2023-09-26].https://baijiahao.baidu.com/s?id=1643523850328546555.

播中华文化、彰显主流导向、获得观众口碑的密码，双赢的局面已然打开。

从绒花、刺绣、缂丝到打铁花，《延禧攻略》一经播出就成为网剧帮助非遗出圈的典型案例。绒花制作技艺传承人赵树宪制作的16款绒花发饰在《延禧攻略》中一一亮相后，因其缤纷精致而迅速出圈，带火了传承人的小店，据说当时他带着店里5个徒弟连轴转也赶不完接到的订单，工期排到了半年甚至一年后。而以新中国成立前北平名角名伶生活为题材的《鬓边不是海棠红》，也同样在服饰与装束中呈现了京绣、绒花等非遗技艺制成品。

不仅是古装剧，非遗也成为当代都市剧的题材内容。比如在"文化和自然遗产日"之际播出的网剧《正好遇见你》，巧妙运用了"戏中戏"方式，通过纪录片、小剧场、综艺、电视剧等节目形态创新呈现花丝镶嵌、缂丝等一大批传统美术、传统技艺等门类非遗项目，且表现了当下非遗传承人不忘本心、传承文化的生动故事，得到了口碑与流量的双重肯定。

我国拥有极其丰富的非物质文化遗产资源，截至2023年6月，已有43个非遗项目列入联合国教科文组织名录、名册，位居世界第一；而国家级非遗代表性项目有1,557项，省级及以下项目数量则更为庞大。这些非遗资源可为影视作品提供源源不竭的文化IP、故事剧情、场景、服化道……通过与互联网、传媒等各行各业的跨界融合，非遗以更开放、时尚的姿态回归现代生活。

案例三　媒介生产意义
——潍坊风筝"出圈"之路

一、案例简介

（一）研究背景

山东潍坊是风筝的发源地。从 1984 年起，潍坊开始每年举办潍坊国际风筝节；1988 年，潍坊正式成为公认的"世界风筝之都"；2006 年，潍坊风筝被列入国家级非物质文化遗产代表性项目名录。近年来，每到一年一度的潍坊国际风筝节（图 6-1），风筝放飞的盛况会受到来自全国各地热切的关注，"潍坊风筝"的相关讨论话题在抖音、小红书等平台火热流转，潍坊风筝成为潍坊旅游的亮丽名片。

图 6-1　第 40 届潍坊风筝节[①]

---

① 更高 更远 更美好——潍坊国际风筝会四十年回眸［EB/OL］.（2023-04-27）[2023-08-06].https://mp.weixin.qq.com/s/ZzFfh91UFJP-71LUbTJojw.

(二）研究角度

在现有研究中，已有许多学者从历史学、民俗文化学、经济学等角度研究潍坊风筝文化与产业，本案例则研究潍坊风筝及其节会的传播。我们在研究潍坊风筝的"网络出圈"时可以发现，媒介是非遗保护与传播的重要助力。当今时代，新媒体平台作为主要传播媒介，为传播者激活、整合、推动非遗传播提供建构平台。从传播学视角出发，本案例着重研究潍坊风筝传播主力"媒介"——社交媒体平台（新浪微博）和视频媒体平台（B站）如何发挥作用，分析包括前期热度造势，以及媒介在意义生产过程中的具体传播形式与效果，可为其他非遗项目的传播创新提供借鉴。

二、案例分析

（一）前期造势

身为"世界风筝之都"，潍坊风筝做到了"好风凭借力，送我上青云"。其营销可以总结为"1+2"战略：打响一个城市名号，即"世界风筝之都"；做好两个载体，即做好风筝与风筝节。

1. 城市营销造势

国际风筝节是潍坊风筝传播出圈的第一环，潍坊风筝借盛会之力，迅速打开知名度，为潍坊风筝文化传播奠定基础。同时，潍坊又以自身独特的风筝资源为主题，开展城市营销，结合大型文化旅游活动，催化旅游经济的发展。短时间内于线上线下，向游客们传递城市特色，展现天空中的"风筝"奇观带来的视觉冲击，并形成传播声势。

2. 风筝创意营销

潍坊风筝获得极高的社会认知靠的是创意无限的风筝。潍坊风筝的造型匠心独具、别出心裁，网友们形容其为"潍坊天上飞的不是风筝，是想象力""潍坊在放一种很新的风筝""在潍坊万物皆可风筝""潍坊国际风筝节，一年一度人类想象力大赛"，可以看出网友对于潍坊风筝造型、创意的兴趣与认可。

除了风筝造型的独特之外，潍坊风筝还尝试跨界合作，例如"潍坊风筝＋游戏"，潍坊风筝用年轻人喜爱的方式诠释非遗魅力，进入年轻人的市场。2020年，国家级非物质文化遗产项目潍坊风筝代表性传承人郭洪利为《王者荣耀》手游打造李元芳限定皮肤，将潍坊风筝技艺与数字游戏相结合，其专题打造的互动游戏上线获超1亿的点击率，近千万人在游戏中参与制作了几十万只数字风筝。

（二）媒介生产

在潍坊风筝形成一定传播基础后，移动互联网与新媒体平台为潍坊风筝的进一步传播带来新机遇。在微博、B站、抖音等多种新兴媒介渠道中自发形成了传播者，激活和推广潍坊风筝，打开了文化传播新局面，也直接促成了潍坊风筝的"出圈"效果。在媒介作用效果下，传播者通过传递潍坊风筝异彩纷呈的文化和娱乐内容，通过内容与符号塑造城市文化形象，形成独特的热点并成功吸引了大众的注意。

1. 社交媒体平台新浪微博

微博作为典型的社交媒体，经过多年发展已成为当今中国网民重要的信息传播渠道。同时，微博话题是"广场式"的数字虚拟空间，聚集网络用户，短时间内达成更广阔的传播效果。潍坊风筝在微博话题这样的传播特性下吸引大量网民围观、讨论。在话题广场，微博用户根据参与意愿，获取信息、表达观点、抒发情感、获得认可，形成聚集效应从而产生广泛的影响。

以潍坊风筝为关键词搜索的相关微博话题共有200多个，其中阅读量基本过万，这些话题大部分是在潍坊国际风筝节时间段出现的。在这个时间段，自媒体大V、官方媒体账号、互联网门户等PGC首先发起话题，再引发网友在话题下的聚集讨论。比如，#潍坊风筝可以有多硬核#话题共产生了1.7万条讨论，参与主体包含"人民日报""齐鲁晚报""文旅潍坊"在内的专业媒体或官方账号，同时还有大量专业自媒体账号、微博网民参与，形成了"PGC+UGC"的多源信息场域。发布者采用文字、图片、视频的形式展示或转发各式各样的风筝，内容灵活生动。

微博的开放性、碎片化、娱乐化的传播特征十分契合当下人们的生活节奏，可提供激活非遗并吸引网民参与讨论的渠道，增加大众对非遗的关注，并将普通用户引流到更深层的信息了解与互动传播中去，促使传播者与大众共同建构非遗的出圈过程。

2.视频媒体平台B站

视频比文字更具有现场既视感，也能增强信息传播的沉浸与代入，更好地传递文化与情感信息。弹幕视频同时还具有碎片化、颠覆性、"一对多"传播模式等特点，具备一定的场景搭建能力，可以形成即时互动、情绪共鸣、群体效应，由弹幕二次加工得到的内容附加值也会得到提升，增强用户对内容的情感浸入与黏性。在B站这一弹幕视频平台中，各类潍坊风筝的相关视频为观众搭建起视觉文化消费的场域，让文化传播更具有时尚感、更年轻化、更深入人心。

在B站，以"潍坊风筝"为关键词搜索，截至2023年8月，共检索出1,292个视频。播放量过百万的有11个，主要包括《就没有潍坊人放不了的风筝》754.6万播放量、《风筝可以冷门，但不能邪门》377.3万播放量、《【史里芬】还有什么不能在潍坊风筝节上飞起来？》201万播放量、《被潍坊的风筝秀到了》157.4万播放量、《潍坊风筝节一年比一年离谱》116.4万播放量等。这些热门视频主打的标签（Tag）包括"高能、魔幻、生活"等，其出圈特征则是潍坊风筝的鬼马荒诞、离谱搞笑等形象特质。大部分的视频是以生活记录的vlog形式直接展示现场的风筝，容易拍摄也更加贴近百姓生活。在视频《【史里芬】还有什么不能在潍坊风筝节上飞起来？》中（图6-2），UP主用极快的语速、押韵诙谐的文案、冷静淡定的语气进行吐槽式的解说，再配合恰到好处的剪辑节奏，让观众感觉欢快有趣。在这些不同风格的文案解说中，观众对潍坊风筝节形成一定的记忆、了解和认识，有些观众在视频弹幕中积极互动，用户在弹幕区隔空与创作者和其他观众对话，在获得了观看视频乐趣的同时，也了解了潍坊风筝，并形成聚集性、群众性的对于潍坊风筝的认知。

图 6-2 《【史里芬】还有什么不能在潍坊风筝节上飞起来？》视频截图①

除了记录生活的形式外，B 站上还有与潍坊风筝相关的非遗纪录片、科普视频、创意视频等多种形式的视频。其中，由两名 UP 主搭建的脱口秀节目《鲁生可畏》，用说书的方式介绍潍坊风筝的历史由来及在现代的发展，视频台词幽默诙谐，用轻松的视频氛围来传播风筝文化，截至 2023 年 8 月该视频播放量达到 1.3 万。

综观 B 站中的潍坊风筝相关视频，可以看到：B 站中大部分的视频标题是运用"魔幻""吐槽"等文字符号，直观上吸引观众注意并激起"看热闹"的兴趣；而这些视频大多在文案和剪辑中会突出潍坊风筝的独特性和趣味性，它们通过这种语言与符号的运用，形成人们对于潍坊风筝的正向印象。

---

① 史里芬 Schlieffen.【史里芬】还有什么不能在潍坊风筝节上飞起来？[EB/OL].（2020-12-28）[2023-08-06].https://www.bilibili.com/video/BV17z4y1r7hk/?spm_id_from=333.337.search-card.all.click&vd_source=18d25b52fca7e3f22670dbabe36494c1.

结合 B 站中弹幕、评论互动等功能，媒介为非遗传播创造一个平台，让传播者和接收者可以共同生产潍坊风筝在当代的传播内容及意义，合力创造出潍坊风筝及节会的出圈传播效果。

三、结语

近年来，潍坊国际风筝节通过一系列创新举措，在传播力和影响力方面不断提升。首先，潍坊国际风筝节注重利用互联网、新媒体平台，进行广泛的宣传与推广。线上线下的互动吸引了大量年轻群体的关注和参与，使得潍坊国际风筝节的影响力不断扩大。其次，潍坊国际风筝节注重文化内涵的挖掘与呈现。在活动策划上，其充分融入传统文化元素，让人们在欣赏风筝美景的同时，也能深入了解风筝背后的文化内涵和制作工艺。这种以文化为核心的策划思路，使得潍坊国际风筝节不仅是一场视觉盛宴，更是一次文化体验。此外，潍坊国际风筝节还积极寻求与文化产业、旅游业的合作与联动，通过与旅游、文创等的深度融合，打造了一系列具有地方特色的文化产品、旅游吸引物，进一步提升了潍坊风筝文化的附加值和市场竞争力。

潍坊国际风筝节通过与新媒体结合、文化内涵挖掘、文化产业联动以及国际交流合作等方式，成功实现了破圈之路。这一转变不仅提升了潍坊风筝的知名度和影响力，也为"非遗"文化的传承与发展探索出了一条新的路径。由一项传统技艺变身为文化使者，再借机上升为经济引擎和产业抓手，再成为城市文化 IP，潍坊风筝文化的"出圈"体现了媒介已成为非遗保护与传播的重要助力。

案例四 当"老手艺"遇上新青年
——潮玩也非遗

一、案例简介

古代的乐高玩具是什么样的？怎样用积木自己搭建一个天坛祈年殿？这是传统榫卯技艺在现代的新玩法。据某跨境电商B2B平台数据，榫卯积木在2021年上半年的订单数同比去年增长500%，中国传统工匠文化通过积木已经传递到了海外。[①] 如小米众筹的"天坛纪念版千年榫营造积木"，让玩家在搭建过程中体验中国建筑营造的乐趣。

与此同时，"阿木爷爷""山村小木匠安旭"等木作手艺人账号近年来在国内外短视频社交网站迅速走红，背后是遍布全国各地的传统家具制作、木构建筑营造等非遗技艺的"复潮"，这些"指尖上的技艺"借助网络视频浓缩性、奇观化的展示受到当代人追捧。非遗技艺的潮玩化，让现代人见识了先辈的智慧。

---

① 中国榫卯积木走红海外，阿里国际站推出玩具出海专线［EB/OL］.（2021-06-01）［2022-05-30］.http://tech.china.com.cn/roll/20210601/377767.shtml.

二、案例分析

（一）非遗商品消费趋势分析

当前，越来越多的非遗商品从地方特产走向大众品牌，消费增量的背后是价值认同与文化认同。

非遗通过电商走向大众的趋势越来越明显。据阿里巴巴集团发布的《非物质文化遗产消费趋势报告》，过亿用户曾在淘宝平台购买非遗商品，且超过三分之二的消费者为80、90后。[1] 头部带货主播对非遗商品的推介已然常态化，"非遗"成为品质、特色的代名词，非遗商品上架即被一抢而空；2021年"双十一"，天猫首次为非遗设立专属会场，00后消费者购买非遗商品的人数和金额均有一倍以上的增长；与此同时，天猫"非遗焕新夜"、逛"老字号神奇街市"成为热门网络风景。越来越多的非遗不再停留于"传统"这一标签，它们通过创造性转化和创新性发展成为高频消费品、新锐消费品，甚至升级为当代年轻人表明文化身份认同的符号与方式，非遗商品的潮流属性正在被激活。

在年轻人尤其是 Z 世代热衷的潮玩领域，越来越多的非遗技艺加入其中，成为文化附加值的重要来源。潮玩正在从小众走向大众，根据弗若斯特沙利文报告，中国潮玩零售市场规模预计在 2024 年达到 763 亿元，2022-2026 年间复合年均增长率将达 24%。[2] 盲盒、手办、娃衣等潮玩品类在风口期即与非遗、文物等传统文化资源结缘，表现出一定的消费潜力，彰显了社

---

[1] 文化和自然遗产日｜阿里巴巴发布非遗消费趋势报告［EB/OL］.（2021-06-14）［2022-05-30］.https://mp.weixin.qq.com/s/ZZwenMvuoFdRjrkuKuI2HA.

[2] 中国潮玩产业链现状｜2024 全球潮玩产业发展报告①［EB/OL］.（2024-07-29）［2024-08-01］.http://mp.weixin.qq.com/s/kapZueFgY-zBMBckZXZMiQ.

会公众及各类市场主体在主动承担文化传承的使命，同时也表明了年轻人对中华文化的认同感和归属感。

（二）非遗与潮玩结合的必然性

非遗与潮玩的结合，脱胎于非遗焕新的必然要求。非遗来源于传统而又活态存续于当代，回顾每一项非遗的传承脉络，都会发现其与所处时代、地域的互动，与当时当地的社会生产生活、审美风尚需求相互协调，而后得以历久弥新。因而在当代，非遗也需要谋求与现代社会的同步发展，得到当代大众的认知认可，其中包括非遗在传承基础上的合理创新，也包括与现代商业模式、文化消费模式的充分结合，激活非遗的当代价值。比如，河北曲阳定瓷技艺传承人庞永辉就曾面临国营瓷器厂倒闭、发不出工人工资的艰难岁月，光凭对非遗的坚守与执着无法实现他传承定瓷的使命。为此，他结合现代科技与当代审美对定瓷产品进行创意设计，并联手年轻设计师将潮流元素融入定瓷，使其成为流行的手办潮玩，实现了一年线上销售额占比达到20%左右。[1]

非遗与潮玩的结合，脱胎于潮玩深化的必要追求。受消费者文化追求、审美导向的影响，商业行为自然而然地需要附着文化附加值，这一点在以"潮玩文化"为主体的"潮经济"中表现得尤为明显。但近年来的"潮经济"风口下，众多投资者追着风向入行售卖潮玩，却往往只得到了昙花一现的经济效益便从此沉寂。中国社会科学院发布的《2021中国潮流玩具市场发展报告》指出，潮玩盲盒发展的持续性面临着不小的挑战，其中之一便是如何维系用户黏性。[2] 究其原因，受众对新消费的热情持续时间有限，潮流文化受众兴趣的变迁、潮流时尚的高速更迭，造就了潮流行业的高淘汰率。只有

---

[1] 孙冰.以非遗的妙成就国货的潮，非遗"潮"起来［J］.中国经济周刊，2021（21）：88–89.
[2] 社科院发布潮玩市场发展报告：预计2022年潮玩市场规模将达478亿［EB/OL］.（2021-12-24）［2022-05-30］.http://www.eeo.com.cn/2021/1224/516314.shtml.

输出稳定的、可挖掘的 IP，依靠深远的文化内涵所富有的庞大生命力和吸引力，才能打破受众对潮玩的"三分钟热度"。非遗是具有丰富文化内涵的资源宝库，包括非遗在内的内容化营销已然成为激发年轻人消费的重要手段。

此外，在越来越多资本入局之后，商品的同质化也越来越明显，需要以非遗等资源要素作为独特性标签，打破同质化格局。不少品牌开始在商品中加入非遗元素，如恒越推出了一款印有皮影戏图案的马克杯，伊肤泉在产品外包装中引入苏绣，GXG 男装推出了印有各类非遗图案的卫衣盲盒，等等，它们都试图用非遗作为产品创意，打造国潮新品。

（三）非遗与潮玩结合的可能性

非遗与潮玩的结合，让中华优秀传统文化借助商业逻辑得以传承弘扬。在阿里巴巴《2021 非遗电商发展报告》中显示，2021 年，14 个非遗产业带在淘宝天猫年成交过亿元，非遗产业开始呈现规模效应，超过 67% 的受访淘宝非遗店主在店铺经营中找到了手艺传承人。[1] 非遗的"潮"让非遗真正鲜活起来，使得其融入当代生活之中，拉近了非遗与消费者之间的距离，进一步扩大了年轻人与非遗的接触面，激发了年轻人非遗传承的积极性。在天猫国潮的引导下，电商平台开始关注非遗及非遗手艺人，帮助非遗商家提升线上运营能力，增强在消费市场的曝光度。以王晓璐这位"非遗二代"为例，她的母亲是成都银花丝指定代表性传承人，王晓璐加入淘宝手艺人平台后，银花丝货品不断贴近 Z 世代的喜好，作品销量开始增加，工作室也有了新的年轻人加入。可见，以潮玩、电商模式为载体，在资本的推动下对融入了非遗元素的商品进行营销推广，在商品更为大众所知、获得更好的销售利润的同时，间接使得非遗融入年轻人的心中。

非遗与潮玩的结合，可使中国式审美在年轻人中进一步"破圈"，由

---

[1] 刘志明，班若川，左臣明，等.2021 非物质文化遗产电商发展报告［N］.中国旅游报，2021-09-28（3）.

"古风圈""汉服文化圈"等渗透到更多小众甚至舶来文化之中。比如，传统刺绣纹样与新兴消费品类相结合，孕育出属于当代年轻人的刺绣潮流文化。在潮玩领域的 BJD 娃娃（球形关节娃娃）、棉花娃娃等"娃圈"中，近年来出现了满绣、蜡染、织锦等具有非遗属性的"娃衣"。在东华大学与玩偶品牌"Rua 娃吧"举办的棉花娃娃服装设计比赛中，猫耳卫衣、小礼服、纱裙等娃衣样式全部由云贵地区少数民族的非遗工艺完成，这种结合不仅为棉花娃娃增添了民族特色和文化意涵，也让娃衣本身有了传承之感。浏览相关页面，网友纷纷发出了诸如"娃衣变得更有意义""希望能量产"等评论。用非遗绣娃衣，潮玩的把玩性拉近了文化艺术与公众的距离，再用非遗属性娃娃在年轻人中传播非遗等中华优秀传统文化，潮玩成为文化传承、弘扬的新载体。

非遗与潮玩的结合，让中国式工艺的价值标准在年轻人中得到普及，帮助更多传统手工艺重塑手工价值。许多潮玩的消费过程附带着手作、DIY、众筹、共创等环节，可使公众获得深度体验、参与文化传习。比如，杭州、广州、成都等城市在热门商业街区推出潮玩手作场馆、集市等，其中包含着大量与传统手工艺相关的手作项目，亲手制作的过程使得手工价值得到传递。2021 年 11 月 10 日，国内第一家以"非遗文化体验"为卖点的星巴克门店在北京正式开业，相关评论认为"非遗"概念成为传统文化与新消费趋势结合的一个抓手，背后正是当代年轻人对本土文化审美的认同。体验经济、个性化定制经济、互动经济等产销模式的更新，推动了手工的增值和匠人精神的传扬。

三、结语

应该看到，非遗与潮玩结合还处于萌芽阶段，当代的创意还未完全打开中华非遗宝库，目前主要停留在易结合转化的传统手工艺类，方式也以简单的"结合"而非深层逻辑的"融合"为主。比如在 2021 年"双十一"中，苏绣、徽墨、凤翔木版年画等以联名款方式在淘宝平台高曝光发布，但都是传统手工艺类非遗；有些互联网企业推出的非遗限定游戏皮肤、国潮非遗限定 App 皮肤等，也都还处在对传统美术进行视觉推广的阶段。实际上，非遗门类极其丰富，民间文学、民歌、传统舞蹈、戏曲、民俗活动……这些门类的非遗曾经也是某个时代的潮流文化、古人的"潮玩"。它们还活态存在于当下生活里，等待着通过创新发展、创意转化实现与当代的默契接轨，可为新时代的潮流深化内涵、积蓄潜力、提供创意。

可以肯定的是，"非遗热"持续升温，人民群众对非遗的广泛认知、对非遗价值的普遍认可，使得这类中华优秀传统文化渐成"国潮"焦点，也迎来了发展振兴和价值转化的大好机遇。

案例五　传统文化新玩法
——非遗植入网游[①]

一、案例简介

我国游戏行业在提升健康规范水平过程中，借助中华优秀传统文化深化游戏内涵，借助"游戏＋"模式发挥正向价值，是其最为重要的两大发展趋势。[②] 游戏如何真正成为文化载体？由浅入深用好文化资源是一方面，借助游戏及其附属功能实现文化在数字虚拟空间的有效传承可能更为有效。基于此，我们对非物质文化遗产这类传统文化资源在各类网络游戏（简称"网游"）中的植入现状进行分类梳理，对近年来出现的典型案例进行观察与分析，并从功能、意义、价值三个维度对"网游＋非遗"的现存问题与发展方向进行探索。

[①] "非遗＋网游"前沿盘点 | 双向赋能的可能性［EB/OL］.（2022-06-01）［2024-08-01］.https://mp.weixin.qq.com/s/Fur6X70Ua1TiZDBOrpxGpw.

[②] 2022年中国游戏产业报告［R/OL］.（2023-02-14）［2023-03-07］.https://www.sohu.com/a/649047613_121666210.

二、案例分析

(一) 非遗植入网游的相关研究

1. 国内研究情况

目前，国内对非遗植入网游的相关研究还较少，下面主要对非遗数字化、网络游戏的正向价值及网游虚拟社区等进行文献综述。

非物质文化遗产是指各族人民世代相传并视为其文化遗产组成部分的各种传统文化表现形式，以及与传统文化表现形式相关的实物和场所。[①]学界对于非遗数字化的界定与研究可追溯到王耀希对于"文化遗产数字化"的定义[②]，杨红的《非物质文化遗产数字化研究》一书提出了非遗保护数字化基础领域的一系列关键问题。[③] 谭必勇、张莹[④]和宋俊华、王明月[⑤]梳理了非遗数字化发展状况以及非遗在数字空间保护和传承的重要性，周亚、许鑫对于国内外非遗数字化的研究进展做出梳理，并提出游戏将成为发展热点[⑥]，马晓娜、图拉、徐迎庆的研究认为非遗数字化已逐步分离为独立的研究实践领域，其中对于非遗数字化形态涉及游戏方面内容的研究主要集中于严肃类游戏。[⑦]

---

① 中华人民共和国非物质文化遗产法 [J].中华人民共和国全国人民代表大会常务委员会公报，2011 (2): 145–149.
② 王耀希.民族文化遗产数字化 [M].北京: 人民出版社，2009: 8.
③ 杨红.非物质文化遗产数字化研究 [M].北京: 社会科学文献出版社，2014.
④ 谭必勇，张莹.中外非物质文化遗产数字化保护研究 [J].图书与情报，2011 (4): 7–11.
⑤ 宋俊华，王明月.我国非物质文化遗产数字化保护的现状与问题分析 [J].文化遗产，2015 (6): 1–9, 157.
⑥ 周亚，许鑫.非物质文化遗产数字化研究述评 [J].图书情报工作，2017 (2): 6–15.
⑦ 马晓娜，图拉，徐迎庆.非物质文化遗产数字化发展现状 [J].中国科学: 信息科学，2019 (2): 121–142.

近年来，我国网络游戏行业发展迅速，网络游戏（Online Game）是区别于单机游戏而言的依赖连接互联网进行娱乐的在线游戏，囊括了连接网络的移动端、客户端游戏等。王萌对于网络游戏作为数字化精神产品进行了研究分析，为正确认识网络游戏提供了依据。[①] 何威、曹书乐分析了社会主流意识形态对于游戏态度的变迁，[②] 胡一峰梳理了网络游戏研究的发展变化，指出网游研究的艺术学转向趋势。[③] 其中，严肃类游戏（Serious Games，SG）又称应用游戏、功能游戏，指以非娱乐目标而设计的、带有教育目的的游戏。喻国明、林焕新、钱绯璠等指出功能游戏发挥出正向价值探索潜力，[④] 李海石[⑤]和汤金羽、朱学芳[⑥]有关非遗通过严肃游戏进行传播与传承的研究，对于本案例的研究具有一定的借鉴意义。

网络游戏是现实交往的延伸[⑦]，构成天然的、具有极高认同感和归属感的虚拟社区。虚拟社区实质上是将分散的个体以某种方式组成一个社群。孔少华指出网络游戏虚拟社区具有广阔的发展潜力，论证了虚拟社区信息传递、知识共享与内容创造的内容特点。[⑧] 网游虚拟社区可为非遗等文化资源提供全新的传播途径，已有学者对于游戏传播功能进行了相关研究，胡钰、朱戈

[①] 王萌.数字化精神产品的消费者参与行为研究［D］.南京：南京航空航天大学，2009.
[②] 何威，曹书乐.从"电子海洛因"到"中国创造"：《人民日报》游戏报道（1981—2017）的话语变迁［J］.国际新闻界，2018（5）：57-81.
[③] 胡一峰.廿年面壁图破壁：我国网络游戏研究（1998—2018）的轨迹、范式与趋向［J］.艺术评论，2018（10）：22-30.
[④] 喻国明，林焕新，钱绯璠，等.从网络游戏到功能游戏：正向社会价值的开启［J］.青年记者，2018（15）：25-27.
[⑤] 李海石.非遗文化类功能游戏的设计研究［D］.重庆：重庆大学，2019.
[⑥] 汤金羽，朱学芳.数字非遗传承中严肃游戏项目开发与应用探讨［J］.图书情报工作，2020（10）：35-45.
[⑦] 邓天颖.想象的共同体：网络游戏虚拟社区与高校亚文化群体的建构［J］.湖北社会科学，2010（2）：173-175.
[⑧] 孔少华.大型多人在线网络游戏虚拟社区用户信息行为研究——以网易大型多人在线网络游戏梦幻西游为例［J］.情报科学，2013（1）：123-128.

奇[1]和许嫒萍[2]都认同网络游戏对于传统文化传播的有效性。但总体而言，对于非遗植入网游的现状研究还存在空白，主要还停留于理念阶段，我们基于此期望通过对现有案例的系统梳理与分析，细化与深化该角度的研究。

2. 国外研究情况

网络游戏业是世界上增长最快的产业之一，尽管网络游戏也包含了休闲类游戏、教育类游戏、严肃类游戏、艺术类游戏等类型，但娱乐类游戏仍旧是其最主干的类型，[3]因而国外学者的研究更多集中于网游的负面问题，所属行业也在致力于网络游戏治理，采取了分级标签等举措。比如 Heineman 认为"虽然电脑游戏文化自信地成长并变得更加主流，它仍未能完全自信地将其作为具有内在价值的'消遣'的合法性……"[4]

随着计算机游戏在 21 世纪的爆炸式增长，学者和行业专业人士都认识到应从社会、经济、美学等多个角度分析游戏这一当代文化产物，而不仅仅把它看作一种娱乐。如 Jon Dovey 和 Helen W. Kennedy 提出消费电脑游戏的过程也可能带给我们意义与文化的生产，认为游戏包含新媒体参与式文化的核心特征。[5]有学者则关注游戏的艺术功能，如 Martin Picard 认为艺术与游戏的关系源远流长、不断壮大，电子游戏可以作为艺术的主题或题材，这种活动被称为游戏艺术（受游戏文化启发的艺术），因而许多游戏艺术展在博

---

[1] 胡钰，朱戈奇. 网络游戏与中华优秀传统文化的当代传播［J］. 南京社会科学，2022，(7)：155-162.
[2] 许嫒萍. 移植与重构：游戏空间中的传统节日文化再生产及作用［J］. 四川戏剧，2022，(6)：130-135.
[3] De PBOGDANOWICZ M G, NEPELSKI D, et al. Born digital/grown digital: Assessing the future competitiveness of the EU video games software industry［J］. JRC Scientific and Technical Reports, 2010.
[4] HEINEMAN D S. Thinking about video games: interviews with the experts［M］. Bloomington: Indiana University Press, 2015: 232.
[5] DOVEY J, KENNEDY H W. Game cultures［M］. Maidenhead: Open University Press, 2006: 20.

物馆和美术馆举办。① 有学者从文化体验的背景描述游戏的功能：人们可能想要通过严肃类游戏学习，但也希望通过简单的娱乐类游戏获得乐趣，通过休闲类游戏度过他们的空闲时间，通过社交或多人游戏实现社交目的，或者通过协同创作游戏实现创意。② 此外，从网络游戏与现实世界的关联角度出发的研究成果也较为丰富③，Jesper Juul 认为网络游戏隐喻着现实世界，具有真实的规则系统④，Alexander R. Galloway 进一步认为网游与社会现实直接同步⑤。有学者则从交互的角度指出游戏中玩家的行为无法与现实世界完全切割⑥，网游的激励反馈机制是游戏吸引玩家的关键⑦，网络游戏构建的虚拟空间是社会现实的折射，两者的互动影响为本案例研究提供了重要依据。

国外将游戏与文化艺术教育、文化遗产保护相结合的实践已有十余年历史。比如，文化机构不仅要传授知识，还要通过激励或广告类游戏吸引更多的参观者；各类行业、利益相关者和公众出于各种目的接触有形和无形文化，而数字游戏可以通过不同的方式对这些目的提供向导。⑧ 此外，国外也有不少网络游戏以历史文化遗产为背景，并且在游戏迭代中实现了这部分精

---

① WOLF Encyclopedia of video games: The culture, technology, and art of gaming [M]. Santa Barbara, Calif: Greenwood, 2012: 39.
② LEPOURAS G, LYKOURENTZOU I, LIAPIS A. Introduction to the special issue on "Culture Games" [J]. ACM Journal on Computing and Cultural Heritage, 2021 (2): 1-3.
③ 周逵. 作为传播的游戏：游戏研究的历史源流、理论路径与核心议题 [J]. 现代传播（中国传媒大学学报），2016 (7): 25-31.
④ JUUL J. Half-Real: Video games between real rules and fictional worlds [M]. Cambridge, MA. and London: The MIT Press, 2005.
⑤ GALLOWAY. Social realism in gaming [J]. Game Studies, 2004 (1).
⑥ DMITRI W, KENNEDY T, MOORE. Behind the Avatar: The patterns, practices, and the functions of role playing in MMOs. [J]. Games and Culture, 2011 (2): 171-200.
⑦ CHRISTOPHER A P. The toxic meritocracy of video games: Why gaming culture is the worst [M]. Minnesota: University of Minnesota Press, 2018.
⑧ LEPOURAS G, LYKOURENTZOU I, LIAPIS A. Introduction to the special issue on "Culture Games" [J]. Journal on Computing and Cultural Heritage (JOCCH), 2021 (2): 1-3.

神内容的传承，比如维京人的形象在当代电影、电子游戏中经常出现。超级任天堂开发过一款名为《失落的维京人》的2D电脑端游戏，而在20年后暴雪推出的《风暴英雄》网游人物中加入了与超级任天堂《失落的维京人》一模一样的维京人形象，视觉美学和人物个性都得到了传承。①

（二）网络游戏成为传统文化内容呈现的新载体

1. 网络游戏正向价值的探寻

据中国音像与数字出版协会发布的《2024年1-6月中国游戏产业报告》，2024年1-6月，我国网络游戏用户规模达6.74亿。②可见，网络游戏作为当前文化娱乐产业的重要领域，具有庞大的用户群体规模，在自身具有较高经济价值的同时，其衍生、融合、联动的相关产业也呈现出欣欣向荣的发展局面。与此同时，网游行业被贴上了"网游成瘾影响玩家身心""品位低俗""价值混乱"等负面标签，娱乐泛化与行业乱象丛生，当前正处于提升健康规范水平的过程之中。因而，社会价值表现已然成为网络游戏核心的评价尺度，发挥"游戏+"的平台作用，加强与传统文化的跨界合作成为网游正向价值的重要探索方向。

网络游戏作为一种新的传播媒介，天然具有开放性、交互性、跨时空性等传播优势③，在信息与知识传播中应扮演重要角色。其中，网络游戏开始成为数字化趋势下传统文化内容呈现的新载体，值得深入研究。非物质文化遗产作为中华优秀传统文化的重要组成部分，加之其人本性、活态性等特征，已然成为传统文化植入网游的重要类型。非遗中包含的艺术要素、文化内核等成为网游鲜活的素材，丰富游戏内涵的同时也借助游戏实现了展示传播；

---

① KUCHERA.The Lost Vikings have come to Heroes of the Storm, and things are getting weird［Z/OL］.（2015-02-16）［2023-03-07］.https://www.polygon.com/2015/2/16/8012141/heroes-of-the-storm-lost-vikings.

② 《2024年1-6月中国游戏产业报告》正式发布［EB/OL］.（2024-07-25）［2024-08-01］. http://mp.weixin.qq.com/s/8nw0-8Id28N3E6Z-akxfVA.

③ 何威.数字游戏批评理论与实践的八个维度［J］.艺术评论，2018，（11）：26-37.

"非遗"还成为网络游戏市场的热门关键词，成为网游企业赢得良好口碑的营销方式；以非遗资源为卖点、创新元素所创作的网游新产品层出不穷，比如《原神》《逆水寒》等热门网游，以传统文化架构自身完整的文化生态，从而形成对公众的强大吸引力。

游戏范式有助于理解和建构以参与、沉浸和反馈为特征的有效传播[①]，基于游戏独特的传播效果，近年来网游的艺术与传播属性被日益认可[②]，网游以形象、立体、动态的方式聚合、传递着传统文化符号。游戏者沉浸于场景化的虚拟空间，在娱乐的同时可真切感受到传统文化的深邃内涵。从网游角度出发，利用非遗等文化资源可丰富与深化游戏内涵；从非遗角度出发，网游为非遗提供了数字化呈现的场景，开辟了非遗传播的新渠道，并有望通过虚拟社区的持续互动实现一定程度的文化传承目的，使非遗在现代生活的重要场景——虚拟空间中维系存在感与生命力。

2. 文化传承与文化创新

传承与弘扬中华优秀传统文化已然成为提高国家文化软实力的重要内容，而创造性转化与创新性发展是其核心路径。如在《关于实施中华优秀传统文化传承发展工程的意见》中，明确提及要实施网络文艺创作传播计划，推动网络文学、网络音乐、网络剧、微电影等传承发展中华优秀传统文化；要实施中华文化新媒体传播工程等。[③] 又如在《关于进一步加强非物质文化遗产保护工作的意见》中，也提到要加大非物质文化遗产传播普及力度，促进广泛传播……鼓励各类新媒体平台做好相关传播工作。[④] 可见，文化需要

---

① 喻国明，杨颖兮. 参与、沉浸、反馈：盈余时代有效传播三要素——关于游戏范式作为未来传播主流范式的理论探讨[J]. 中国出版，2018（8）：16-22.
② 李大鎏. 中国网络游戏的传播功能研究[D]. 成都：电子科技大学，2007：14.
③ 中共中央办公厅 国务院办公厅印发《关于实施中华优秀传统文化传承发展工程的意见》[EB/OL].（2017-01-25）[2023-03-01]. http://www.gov.cn/zhengce/2017-01/25/content_5163472.htm.
④ 中共中央办公厅 国务院办公厅印发《关于进一步加强非物质文化遗产保护工作的意见》[EB/OL].（2021-08-12）[2023-03-01]. http://www.gov.cn/zhengce/2021-08/12/content_5630974.htm.

依靠创新实现传承，而数字传播、网络创作是传承文化、普及传统的重要渠道。

随着数字技术的迭代更新，网络公共空间属性和商业空间属性的新媒体平台为非遗提供了变革性的传播场景，以传播为目的的数字化创作逐渐成为趋势性的发展方向。近年来，国内外纷纷开始运用新技术与新平台对非遗进行阐释与应用，在密切非遗与现代社会、当代人类关联度的同时，这种交叉融合也为非遗的创造性转化、创新性发展找到了新的思路。

（三）非遗植入网游的现状分析

杰西·谢尔在经典论著《游戏设计艺术（第3版）》中提出了"美学""故事""机制""技术"四个元素维度构建起的游戏本体认知框架。[①] 我们在梳理非遗植入网络游戏的现有案例时借鉴了这一"游戏四元法"分析框架，但鉴于目前非遗植入网游的具体形式在"技术"层面没有具有典型意义的案例，所以将"技术"维度替换为"游戏衍生"维度，从网游的"美学""故事""机制""游戏衍生"四个维度对非遗植入网游现状进行分类研究。

1. 非遗在美学维度植入网游

画面、音乐等富有感官冲击力的美学形式是游戏作品最鲜明、直观的呈现层面，也是网络游戏利用文化资源最基础的一类表现形态。不论是单一的美学植入还是多维的游戏设计，都需要对植入的非遗元素进行可视性、可听性转化，在美工、声乐等艺术设计方面予以应用。实际上，游戏美学植入不仅贯穿游戏体验始终，也贯穿非遗植入网游的全过程。

例如，2009年发行的3D武侠MMORPG（大型多人在线角色扮演）端游《剑网3》以国风为游戏背景，融入众多具有中国传统文化特色的元素，将江湖元素与非遗元素融合推广。其中，游戏在背景创作时将"长歌门"设

---

① 谢尔.游戏设计艺术：第3版［M］.刘嘉俊，杨逸，欧阳立博，等译.北京：电子工业出版社，2021：57.

定为以古琴与剑作为武器的门派，玩家在游戏过程中可以释放包含"宫商角徵羽"古琴五调元素的长歌门技能，聆听富有古韵的音乐，在潜移默化中收获对古琴艺术的视听享受。因而，人类非遗代表作古琴艺术的美学特征被生动地植入《剑网3》的视听与交互之中。同时非遗还在该游戏的剧情、玩法等多维度中有所植入。又如，RPG（角色扮演游戏）手游《忘川风华录》将国风音乐植入手游，古琴艺术、琵琶艺术等多种非遗技艺都在游戏音乐中出现。再如，英雄竞技手游《王者荣耀》与非遗项目围棋、峨眉武术传承人合作共创国风英雄弈星、云缨，在技能机制、美学特效等方面都体现了非遗内容；还联动潍坊风筝、昆曲、越剧、苏绣等众多非遗项目制作了相关的英雄皮肤，邀请非遗传承人参与指导设计与配音等，非遗包含的中华美学融入网游人物皮肤创作，业已成为非遗植入网游的重要类型。

目前，许多网游对非遗元素的挖掘利用主要停留于视听美学符号的移植，比如休闲类跑酷手游《天天酷跑》将非遗舞狮元素整合到游戏道具当中，主要在表层造型元素上对非遗相关的表现形式进行简单复制。显然，较之深度提炼之后的美学呈现与文化输出，在游戏中简单复制所传递的文化内容是有限的，也无法完整展现某项非遗的独特魅力；将非遗融入游戏美学，植入的不应只有纹饰、器型、旋律、曲调等浅层符码，应多维度用好非遗元素，营造网游浓郁的文化氛围。

2. 非遗在故事维度植入网游

影视等传播媒介具有完整叙事的特点，而网游以玩家的参与、互动及探索完成整个叙事过程，因此游戏文本也需要强调叙事能力。游戏文本通常以故事背景营造为基础，网游的辅线剧情则十分庞杂，因而故事维度成为吸引玩家的重要因素。通过观察可知，多数热门网游都具有完整的故事背景营造，善用"叙述"是游戏的重要发展契机。[①] 可以说，美学维度能够以强大

---

① 宗争.游戏能否"讲故事"——游戏符号叙述学基本问题探索［J］.当代文坛，2012（6）：58-61.

的视听艺术构建网游的独特感官体验，而故事维度则作为游戏传递信息、知识与体验氛围，建立情感共鸣的抽象工具，能够带来思维层面的激荡。

例如，MMORPG 网游《古剑奇谭网络版》以中国神话《山海经》等为故事背景设定，其中 2019 年该游戏设置了联动非遗项目北京绢人的剧情任务，玩家需帮助 NPC 收集制作绢人的材料，探索绢人的制作工艺及其背后的传承故事，玩家在通关剧情过程中完成了对北京绢人的了解。又如，热门网游《原神》作为一款开放世界冒险游戏，在全球具有庞大的用户群体，该游戏在 1.3 版本《明霄升海平》中从公众记忆出发，以传统春节为核心设置活动剧情，展现出了浓浓的节日气氛，将传统节日风俗传递给海内外玩家。

综上，在网游的背景营造、故事情节中植入非遗项目相关制作工艺、实践过程等，能让玩家在游戏氛围中较为深入地认识非遗，并产生比感官层面接触更深层次的思维甚至情感共鸣。

3. 非遗在机制维度植入网游

所谓网络游戏的机制，即游戏规则，具体包括游戏玩法、任务关卡、激励反馈等环节内容。游戏机制是促使玩家在成就感驱动下持续投入该游戏的关键要素，因而在玩法和交互设计上通常更注重与玩家之间的互动性及反馈性。非遗的植入能够为网游建立文化基底，将非遗的技艺、技能、技法转化为游戏的玩法，在游戏中了解或部分掌握非遗独特的技艺、技能，继而让玩家获取切实的成就感。在机制维度下，非遗植入通常需要游戏制作方投入更多的精力和巧思，这样非遗传播的收效也会更加突出，使得这类文化资源得到深层次的活化利用，这既是有趣的游戏过程，也是充满生命力的学习过程，玩家得以生动体验游戏中包含的智慧与文化。[①]

例如，国风解谜手游《匠木》以榫卯为核心玩法，有效科普了中国传统榫卯结构所涵盖的文化与知识。游戏还专门设置了"切磋"板块作为玩家交流的虚拟社区空间，玩家能够在游戏平台交流学艺心得、展示自主创新成

---

① 陈国强. 也谈网络游戏于网络教育中的作用 [J]. 电化教育研究，2004（10）：64-66.

果，这种寓教于乐的方式为榫卯的传承、传播注入了新的活力。又如，悬疑解谜题材游戏《纸嫁衣 2》、MMORPG 武侠题材手游《逆水寒》《一梦江湖》等也都在网游的机制维度上联动非遗，通过设置皮影解谜关卡、设定观看豫剧表演解锁成就、推出游戏世界内的非遗主题街区等形式，对非遗进行了独特的数字艺术诠释。

综合上述案例，将非遗加入巧思，转化为网游的机制设计能为非遗提供新颖而深度的传播途径，且非遗在与游戏机制的融合中还一定程度上完成了自身的创新与转化。

4. 非遗在游戏衍生维度植入网游

网游主题影视作品、线下活动等衍生领域也是非遗植入的重要维度。比如网游与非遗剧团、传承人等共同推出线下活动、拍摄纪录片等，都充分体现了网游制作方、网游玩家对非遗资源正向价值的认知与认同。

例如，网易推出的 ABA（非对称对抗竞技）手游《第五人格》联动国家级非遗项目保护单位北京皮影剧团推出了皮影戏纪录片，呈现非遗手艺人制作皮影的匠心与传承皮影的决心。又如，以《西游记》为背景故事的 MMORPG 网游《梦幻西游》携手《舌尖上的中国》打造了一部表现匠人匠心与中国传统文化的游戏纪录片《指尖上的梦幻》，该纪录片第 4 集就展现了昆曲与游戏影音制作的相融之道。再如，《王者荣耀》与潍坊国际风筝节展开合作，推出了"王者踏青日"活动，带动潍坊世界风筝博物馆的线下文旅发展，实现了线上传播价值的线下衍生与变现。

综上，越来越多的网游开始深耕非遗资源的挖掘利用，借助数字技术推动非遗以不同维度融入游戏场景，并服务于非遗的活态性、实践性特点，将线上传播的流量转化为线下的探访、旅游、消费，为非遗增添传承与发展的活力。

（四）非遗植入网游的现存问题与发展方向

网游向非遗敞开大门，助力网络游戏 IP 的深度开发，为网游提供不落窠臼的文化内核与艺术思路。但同时，这种技术赋权在当前阶段也存在着诸多问题：网游在利用非遗等文化资源时存在较大的局限性，这就造成了各类非遗无法得到普惠性的普及传播，加剧了社会对不同非遗项目关注程度冷热不均的状况；部分网游片面化地呈现非遗，模糊甚至误导了非遗的实际内涵，文化资源存在沦为游戏实现商业价值附庸的风险；因网游聚合起的非遗兴趣人群向线下转化的比例不高，网络空间甚至在表象上消解了非遗在现实空间的实践等。

1. 功能：从转变到转化

根据联合国教科文组织《保护非物质文化遗产公约》，非物质文化遗产主要分为表演艺术、传统手工艺等五大类，不少非遗门类在当代社会中已然面临原有功能的维系困境，而这些非遗作为某一维度的要素植入网游时则会失去更多原有功能。比如，非遗在现实中具有人际交流功能，但这一功能在其作为美学等维度的要素植入网游虚拟空间时就被消解了。因而，网游将非遗作为单一维度要素植入的做法，往往会造成非遗原有功能的消解或折损，实际上表现为非遗在从现实世界植入虚拟世界之后功能发生了转变。例如，《王者荣耀》早期推出的春节专属皮肤，实际上仅将传统节日的表层符号附着在游戏人物美术设计上，并未将节日的文化内涵、意蕴等予以提炼，表现为仅有"皮囊"而缺失"灵魂"。随着非遗与网游融合往纵深发展，非遗在游戏中的原有功能开始得到体现，甚至开始有所拓展。例如，MMORPG武侠题材端游《天涯明月刀》与苏州桃花坞木版年画技艺的传承人跨界合作开发相关游戏衍生品，非遗为游戏IP增添了传统文化底蕴的同时，原有功能也得到了一定程度的延续，并借助游戏衍生品让更多公众对非遗有所认知，拓展了桃花坞木版年画的兴趣人群。

许多网游还在网络世界搭建起贴近现实的虚拟空间，通过情感传播连接游戏与非游戏领域[①]，将游戏参与者作为接口，形成庞大的虚拟社区网络，继

---

① 刘研.电子游戏的情感传播研究[D].杭州：浙江大学，2014：123.

而促成虚拟世界与现实世界的流动。在这类网游构建起的虚拟空间中，非遗就可不受时空束缚，完整植入场景，在游戏美学、故事、机制等多个维度中体现其功能，实现深层次的转化。这样的植入过程往往能够较为完整地保留非遗的核心特征及功能价值，并通过全新场域的构建为非遗在虚拟社区的存续及社会性的保留提供可能性。例如《原神》在"海灯节"活动中营造了以孔明灯为原型的完整节庆放灯场景，并在剧情玩法中嵌入趣味灯谜等环节，让玩家在游戏中较为完整地重温传统节日的民俗氛围。可见，网游构造各个传统节日的虚拟场景，其营造的浓郁节日氛围也是现实节日功能的转化，成为当代人传统节日文化生活的组成部分。

民俗等门类的非遗项目与特定的文化空间相关联，只有在特定时间和特定地点才能看到这一民俗活动。而当该类非遗融入网游之后，就会出现完全超越横向空间和纵向时间限制的情况，在充分加入人际社交、交互体验、共享共创等功能之后，该类非遗有望在虚拟空间吸引大量年轻人群并在其中实现文化表达、社会交流等功能，唤起大众在虚拟社区的自我身份认同。其中，不断迭代更新的数字化技术为非遗植入网游提供了逼真度、沉浸感越来越高的交互体验条件，为年轻人在游戏中结合非遗发挥创意、展示自我提供了越来越完善的空间。例如《逆水寒》与豫剧传承人跨界合作创新玩法，以全息演出的方式在网游中演绎豫剧名曲《花木兰》选段，并运用动作捕捉技术高度还原非遗表演的真实感，将豫剧的表演精髓与网游的优质技术呈现相结合，使得网游在潜移默化中发挥了传承教育功能。

因而，网络游戏是非遗体验式传播的媒介，通过将非遗植入网游的美学、故事、剧情等维度，可实现非遗的沉浸式普及传播，并实现非遗部分功能在虚拟空间的延续，甚至转化为非遗自身的"造血功能"，建构传统文化在虚拟空间的新表征。[①]

[①] 陈少峰.非物质文化遗产的动漫化传承与传播研究[D].济南：山东大学，2014：135.

2. 意义：从异化到回归

网络游戏主要以娱乐、社交等为核心功能，这使得其通常会通过降低认知与理解的门槛吸引各类公众进入，通过牺牲一定的内容深度满足公众休闲娱乐等网游消费需求，通过改编等手段使得内容匹配游戏性设计所需，这就使得非遗在植入网游时会发生内容简化、意义异化等情况。非遗具有无形性、复杂性、系统性等特殊性质[1]，而网游出于自身需求的植入行为势必无法兼顾对非遗内涵意义的完整解读，多数情况下都是简化、片段化的植入，既无法体现非遗的独特意义、独有价值，又容易让游戏用户对相关内容产生浅显、无趣等体验感受。这是非遗信息在网游中传达过程的偏差造成的意义理解异化的问题，片面化传播不仅无法实现普及文化的初衷，还会造成特定人群对非遗认知的偏差，甚至因为意义误导而造成负面影响。长此以往，非遗在虚拟空间中的形象将趋于扁平化、景观化，与鲜活、立体、动态、真实的非遗实践大相径庭。

由此可见，网游从利用文化资源的角度引入非遗内容，易于造成碎片化、表面化甚至异化非遗的内涵与意义。而在观察到的网游与非遗融合案例中，我们也看到了一些以深度挖掘、合理提取、巧妙构思实现非遗深层文化内涵植入网游的案例，在这些游戏中非遗更多地与游戏背景、剧情故事、玩法机制等实现了融合，让某项非遗的核心意义在虚拟空间得以延续，玩家在游戏中自主学习、深度体验之后产生了价值认同倾向，开始向线下转化流量，反哺传承实践。例如，中国游戏行业的长线IP多人卡片页游《三国杀Online》通过与蜀绣代表性传承人合作推出蜀绣皮肤、方言配音、《蜀绣风华》工艺短片等系列跨界合作环节，成功让玩家在该趣味游戏中领略了蜀绣及其所在地域的独特文化魅力。这一案例说明了深度联动、深层次植入的重要性。

---

[1] 谈国新，孙传明．信息空间理论下的非物质文化遗产数字化保护与传播［J］．西南民族大学学报（人文社会科学版），2013（6）：179-184．

网游虚拟社区具有帮助更多非遗重回大众视野的潜力。网游虚拟社区具有庞大流量，可为非遗提供优质的数字化传播场景；沉浸式的数字媒体技术增强了玩家对"虚拟自我"的情感投射，这使得玩家在游戏虚拟场景中的体验与现实的真情实感相互融合，玩家在游戏中得到的积极文化体验，可以促使其萌生对现实中的非遗及非遗产品的亲近和认同。与此同时，在网游的趣味性吸引、文化性科普和沉浸式场景中，非遗可以在虚拟社区得到新的传承机会。玩家通过网游获取非遗相关信息与知识、领悟非遗中的智慧或美感，就可能在虚拟社区形成兴趣圈层，吸引持续关注、讨论、参与，激活非遗在虚拟空间的生命力。

3. 价值：从附加到重塑

网游作为数字产品，在其价值逻辑中植入非遗等文化内容，可以被理解为增加文化附加值的行为。实际上，在完全商业化的网游产业中，文化更多的是以经济价值作为衡量尺度，文化附加值的高低是取决于其市场反馈及经济效益表现的。与此同时，在传统文化复兴的热度不断升高的时代背景下，不少网游企业以非遗作为网游社会价值体现的噱头，以"微植入 + 大宣传"的模式对待非遗，这种功利性追求社会效益的行为较为多见。以上两种情况都会导致非遗相关游戏内容、游戏衍生产品呈现出表象粗制滥造、内核严重缺失的状况，文化资源沦为网游谋求经济价值、强取社会价值的附庸，功利色彩浓厚。当然，非遗与网游融合的案例中也存在着一些超脱于纯功利目的的案例实践，游戏开发者保有文化情怀与创新精神，在游戏中体现了对非遗等传统文化的深度挖掘、创新转化，一定程度上实现了与非遗长期互利的双向同行。例如射击类型网游《生死狙击2》与京剧联袂共创，结合游戏产品特色进行非遗的创新演绎，让京剧元素在保留自身精髓的同时融入游戏内容之中，不仅为玩家打造了兼具历史厚重与时代特征的"匠心"体验，还以多元手段实现了该项非遗的价值传递。

网游与大众尤其是年轻人的零距离是其固有优势，通过发挥这一优势可快速实现大量年轻人与各类非遗的初次接触，极大地降低传统文化的普及传播门槛，但在这一过程中实现公众对特定非遗的价值认同，甚至借助网游场景重塑非遗的当代价值，是非遗植入网游的高阶追求。从网游的特质出发，其作为满足人们精神生活需要的精神产品，兼具大众性与个性、持续性与易变性等特点，在产品研发中又表现为应兼顾吸引力与长期黏度，因而网游企业已认识到只有将游戏产品的社会效益与经济效益相统一才能真正获得成功。基于此，网游在其虚拟社区中有意识建构与维系非遗等精神文化内容的圈层，可培植用户群体对该网游的多元期待、持续兴趣与情感链接，从而使游戏的信息分享、二次创作等良性互动呈指数型增长。尼葛洛庞帝曾提出："互联网络给人们提供了探索知识和意义的新媒介。互联网络也将变成一个人类交流知识与互助的网络。"[1]网游虚拟社区也可成为探索与交流非遗等人类历史文化创造的全新场域，在虚拟社区中唤醒人们对于非遗的共同记忆，使之活化并生发新的集体记忆；口头传统与民间文学、民俗等各门类非遗也可为网游提供全新、多元的故事架构，智慧、审美等多角度的创意资源，这些非遗要素也将在游戏高质量的视听设计、场景呈现中焕发新生，体现出增进文化体验、构建集体记忆、促进认知科普、激发创新创造等多重价值。

三、结语

近年来，随着信息技术的快速发展，网游成为许多人休闲娱乐的首选。在这一领域，非遗文化的植入不仅为网游注入了新的活力，也为传统文化的传承与发扬开辟了新的路径。同时，在现代社会，非遗的传承面临着诸多挑战，如传承人的老龄化、传承方式的单一化等。网游作为一种受众广泛、互动性强的文化载体，为非遗的传承提供了新的可能。

非遗植入网游，不仅丰富了网游的文化内涵，也为非遗的传承提供了新的平台。在游戏中，非遗元素以多种形式呈现，如传统手工艺、民间故事、

---

[1] 尼葛洛庞帝.数字化生存[M].胡泳，译.海口：海南出版社，1997：21-24.

音乐舞蹈等，玩家在游戏中可充分感受中华文化的魅力。这种数字化的呈现方式，不仅使非遗更加易于被年轻一代接受，还有助于其在现代社会的传承与发展。然而，非遗植入网游也面临着一些挑战。如何在游戏中平衡娱乐性与文化性，如何确保非遗元素的真实性与完整性，都是今后大家需要解决的问题。对此，游戏开发者需要深入研究非遗文化，以恰当的方式将其融入游戏中，确保玩家在享受游戏乐趣的同时，也能感受到非遗文化的独特魅力。

总的来说，非遗植入网游是一种有益的尝试，它既为网游注入了新的文化内涵，也为非遗的传承提供了新的机遇。未来，我们期待更多的非遗元素能够以更加创新的方式融入网游中，为传统文化的传承与发展贡献更多的力量。

第七章
非遗品牌IP传播案例

- 案例一 让传统文化焕发时尚之光——藏羌织绣的IP授权
- 案例二 寄情于"结"——结绳记的非遗品牌传播

案例一 让传统文化焕发时尚之光
——藏羌织绣的 IP 授权

一、案例介绍

藏羌织绣是"藏族编织、挑花刺绣"和"羌绣"的合称,被誉为"藏羌艺术明珠",是千百年来藏族、羌族为适应当地特殊地理环境和气候条件,充分利用当地资源,不断吸纳和创新各种挑花刺绣工艺而形成的工艺项目,饱含着藏羌民族独有的审美价值,蕴含了深厚的藏羌历史文化内涵,具有浓郁的民族特色和鲜明的地域特色。"羌绣"和"藏族编织、挑花刺绣"已先后于 2008 年和 2011 年被列入国家级非物质文化遗产代表性项目名录。[①]

本案例主要人物杨华珍是国家级非遗代表性传承人。2008 年汶川大地震后,杨华珍注册公司,组织十多位受灾姐妹成立了藏羌刺绣协会。2011 年,杨华珍在汶川县映秀镇建立"中国汶川藏羌绣传习所",开辟了"传承人+协会+公司+农村合作社"的传承模式(图 7-1)。2017 年,杨华珍与四川艺术职业学院共同建立了杨华珍藏羌织绣技能大师工作室,开设图案设

---

① 陈琳,但唐文.羌绣与杨华珍:一样的摄人心魄的美[J].四川劳动保障,2015(10):18-21.

计、刺绣技能 2 门专业课。

图 7-1　杨华珍（中）教大家藏羌织绣[①]

二、案例分析

回顾杨华珍的非遗 IP 授权之路。2014 年，杨华珍和日本彩妆品牌植村秀合作，为植村秀最新上市的两款产品设计民族特色图案，为星巴克设计星享卡，还成为 Hair Coner 的品牌包装主创设计师；2020 年，杨华珍的作品《莲花化生图》和《十二月花》被爱马仕看中。杨华珍让藏羌织绣在时尚圈出现，是因为杨华珍引入现代设计和品牌 IP 授权的思路，让创新反哺传承，让藏羌织绣成为可输出的文化资源。

在人们的潜意识里，工艺品具有悠久的历史与文化意义，应该保存在博物馆。而杨华珍打破了传统手工艺的应用场景，让藏羌织绣走进日常生活，并开启了更多转化应用途径。人工绣织不仅耗时耗人力，而且过去只能展现在服装等布料上，而当代消费者更喜欢带有精致小巧织绣的产品。杨华珍将传统工艺

---

① 杨华珍：为藏羌文化绣出一条花路［EB/OL］.（2022-11-02）［2023-08-06］.https：//mp.weixin.qq.com/s/cx6E6t44Q-XWVcpOmfN-KQ.

的元素与文化用于当代产品,在产品开发中尽力满足消费者的这一需求。更为重要的是,杨华珍和时尚品牌合作,为其设计主题图案,这既扩大了非遗的影响,更好地促进了传播,还为藏羌织绣艺人带来了更高收入,促进了非遗传承。

与各类当代产品的结合不仅为非遗带来了更多的应用途径,更把藏羌文化与现代创新结合起来,让藏羌织绣走进更多人的生活中。中国各地的文化元素、民族元素也在像杨华珍这样的民族工匠的努力下成为世界时尚的风向标。非遗元素IP化后不仅可以创造更高的市场价值,也能让非遗项目接触到更广泛的群体(图7-2)。杨华珍不仅传承非遗,更是以创新的方式活化非遗,藏羌织绣通过参加国际授权展和各类展览展示,找到契合品牌方达成合作,让非遗项目焕发新活力。

同时,杨华珍还利用互联网提高藏羌织绣的曝光度。2022年,杨华珍在网上发行藏羌织绣作品"十二生肖——虎"数字藏品,让藏羌织绣有了更多传播渠道。

图7-2 登上国际时尚舞台的藏羌织绣图案[①]

---

① 非遗里的花|藏羌织绣的时尚升级路[EB/OL].(2024-02-26)[2024-03-06].https://mp.weixin.qq.com/s/6krf5Law5qTKZcTRF9Mv5A.

三、结语

祖先留下来的东西是珍贵的,它们不但值得被不断地挖掘、积累、学习和沉淀,而且更需要不断发展提升,成为当代人创新创造的素材。非遗不仅是人类智慧的传承,更是时代进步的象征,祖先无法看到如今先进而繁华的社会,但是非遗传承人可将祖先的手艺在新的时代发扬光大。杨华珍用一缕绣线,将中华传统文化传播至世界各地,以作品呈现历史与文化,让传统适应不断前进的新时代。

案例二　寄情于"结"
——结绳记的非遗品牌传播

一、案例简介

结绳记是一个专注于中国传统结绳技艺的手工艺原创非遗品牌（图7-3）。它以原创结绳艺术设计为主，融合金银饰品、珠宝玉器、古玩杂项等，创造出适于现代的结绳艺术风格产品。产品设计以独具中国传统美学特色的绳结文化为中心，辅以匠心独运的灵感，纯手工定制具有高雅品位的艺术首饰。同时，结绳记一直致力于结绳文创产品研发，为故宫博物院、颐和园、国家图书馆等提供绳结类文创产品设计与制作。

结绳记溯本求源，探究古老的结绳文化，以现代美学重塑古老技艺，秉承着"以善待人，物可慰心"的企业文化，

图7-3　结绳记新店铺形象①

---

① 结绳记–结然不同[EB/OL].(2019-07-13)[2023-08-06].https://mp.weixin.qq.com/s/FXKnu5am50CmNHqFQH44WQ.

坚持原创设计和手工制作。将传统文化魅力与现代艺术品位融为一体，以传播结绳文化为己任，运用传统技艺为现代美好生活服务，为多样的珠宝提供有内涵、有工艺、舒适多元的现场编织服务。

结绳记的创始人是北京市门头沟区结绳技艺代表性传承人陈信。2003年，为了解决非遗手工艺人的生存问题，陈信创办了结绳记。经过20多年的发展，结绳记已经从一个手工小作坊发展成为具有全国影响力的结绳技艺原创品牌。2013年，结绳记还被中国商业企业管理协会评为"中国绳艺第一家"。目前在国内已开设了100余家线下店铺（图7-4），线上淘宝店铺粉丝11.9万，最高单品销量过万。

结绳记将传统的手工技艺发展为产品及服务，再到有市场影响力的非遗品牌。

二、案例分析

（一）文化内涵立足

结绳的历史十分悠久，《周易·系辞下》中记载："上古结绳而治，后世圣人易之以书契。"结绳从最初的"工具结"到"记数结""记事结"，逐渐发展为一种结绳文化。人们用不同的结绳方式来表意不同事件的发生规模、程度、历史进程等，之后通过这些结绳方式对事件进行回忆。[①] 人们对结绳记事的解读也充满了情感的表达与传播，这也可以理解为绳结作为"象"其中蕴含的"意"。

结绳记为每一个产品都赋予了不同的象征意义。"结，承载着无数种感情，每一个结都是爱和希望的象征"，陈信在接受中国财富网采访时表示，

---

① 林凯，谢清果. 重返部落化：结绳记事的传播模式、机理与功能探赜[J]. 国际新闻界，2021（2）：159-176.

"绳结,是东方文化底蕴的载体,可以真正表达出中国人含蓄内敛的感情。"

与其他传统技艺不同的是,结绳记的产品与服务并没有过多地强调传统工艺的复杂和结绳造型的独特,而是将重心和立足点放在了结绳的文化内涵上,从日用功能和审美功能提升到了意义层面,将结绳作为一种文化载体,用结绳来寄托愿望、传递情感,触动人的内心精神需要,与消费者搭建情感价值的桥梁,增强结绳仪式和"结绳记"在消费者心中的不可替代性。

(二)品牌故事培育

在2023年非遗品牌大会主题论坛环节,中国工艺美术馆、中国非物质文化遗产馆副馆长苏丹表示:"品牌是非遗价值的终极表达。非遗品牌构建包括文化品牌、消费品牌。要形成非遗消费品牌,既需要符号体系的完善、现代设计的转化,也离不开对消费市场和人群的把握以及现代传播方法的应用。"[①] 结绳记无疑是一个成功的非遗消费品牌。它立足于结绳的文化内涵,追本溯源,探究古老的结绳文化,通过讲述"结"在我们生活中的重要性:喜结连理的爱情、义结金兰的友情、结草衔环的恩情等,让消费者感受到"结"承载的记忆与祝福,建立情感价值链接,增强消费者对品牌的认可。同时,结绳记也一直立志于打造中国的文化品牌,挖掘结文化背后所蕴藏的历史价值,讲好品牌故事,将中国优秀的文化内涵编于绳结之中,提升年轻群体的文化自信和文化自强,传播中国传统文化的丰富底蕴和文化内涵。[②]

(三)坚持创新创意

2023年6月2日,习近平总书记在文化传承发展座谈会上发表重要讲话强调:"中华文明的创新性,从根本上决定了中华民族守正不守旧、尊古不复古的进取精神,决定了中华民族不惧新挑战、勇于接受新事物的无畏品

---

① 郭子腾.坚持守正创新 擦亮非遗品牌[N].中国旅游报,2023-03-29(2).
② 陈信.寄情于"结" 讲好"结"文化品牌故事[EB/OL].(2023-02-28)[2023-08-06]. https://baijiahao.baidu.com/s?id=1759068519402436885&wfr=spider&for=pc.

格。"而结绳记的产品及服务就很好地在内容创作、技艺传承、传播营销等方面做到了守正创新。在内容创作方面，结绳记抓住了当下消费主体青年人的审美潮流与心理需求，在结绳技艺的基础上，加入新的配色、新的饰品，塑造新的文化含义，建立情感联结，打造了既保有传统文化又符合时代潮流的新产品及服务；在技艺传承方面，结绳记在传统的结绳技艺上不断创新，目前已经完成了6项非物质文化遗产项目的认定工作，包括古法流苏制作技艺、藤缠金编织和制作技艺、朝珠制作技艺、玉玺丝绦制作技艺、九乘金刚结制作技艺等，为传统结绳技艺注入了新的活力；在传播营销方面，结绳记一方面通过新媒体渠道对传统节日的结绳仪式进行传播，唤起人们对于传统结绳文化的内在情感，另一方面则通过青年人感兴趣的《侍神令》《最好的我们》《如影随心》等电影 IP 进行联名合作，与故宫文创、国家宝藏、敦煌文创等文创品牌开展合作，利用电影 IP 的影响力扩大自身品牌的知名度，利用传统文创品牌树立国潮品牌形象，提升品牌价值，吸引青年消费群体。

（四）坚持手工创作

结绳记虽然在全国已经拥有了 100 余家线下店铺，却没有进行规模化、批量化、复制化的生产，仍然坚持着手工制作，并且能够维持较好的营收。其中的原因除了陈信认为的"结无法由机械替代完成，机械无法将内敛含蓄的东方文化倾注在结里，还无法逾越人工来完成绳结的拧头"，更重要的还有手工制作定位高端市场所带来的高收益。结绳记的主要业务可分为线下店铺高端定制、文创品牌供应以及 IP 联名打造三个部分，这些业务内容或定制、或限量，具有相当的稀缺性以及文化内容和品牌服务附加值，突破了简单的复制化、批量化生产，能够为其带来较高的营业收入，支撑品牌的持续创新与线下门店扩张。

（五）打造传承平台

结绳记自创立之初就致力于打造手工艺人的"圆梦平台"，希望让手工艺人可以自信、自强，用双手创造财富，真正成为文创品牌的供应商和黄金珠宝承接配套服务商。在脱贫攻坚时期，结绳记在河南淅川、重庆涪陵等 40 余个乡镇建立手工扶贫工坊，约有近 3,000 名手工匠人，其中 30% 的手工匠人是建卡贫困户，30% 是来自残联的残疾人，还有 30% 是无法外出务工的老人和小孩。"圆梦平台"通过非遗技艺传承反哺手艺人，让这些手工匠人利用碎片时间，用双手创造财富，充分体现自身价值。同时，为了让结绳技艺得到系统化、标准化的传承与发展，结绳记还成立了专业的结绳技艺培训学校，助力结绳技艺推陈出新，保证结绳文化的传承。"圆梦平台"、技艺培训学校这类传承平台的建设不仅实现了结绳这项非遗技艺的传承，更为结绳记提供了源源不断的产品及服务供应，也为更多的人提供了就业岗位。

三、结语

通过对结绳记这一非遗品牌的分析，我们充分认识到内涵挖掘、创新创意、品牌打造、传播营销在非遗品牌构建过程中的重要性。优秀的非遗品牌在传播、发展的过程中，不但能够扩大品牌本身的知名度，获得消费者的认可，而且消费者在认识该品牌的同时也能够提升对特定非遗项目的认知，达到传播非物质文化遗产的目的。除此之外，通过结绳记我们也看到了非遗品牌的传播与非遗传承之间的正向循环——非遗品牌知名度的增加可带动产品及服务的需求增加，从而让更多的人加入该非遗的学习过程中，实现非遗的传承与保护。

参考文献

[1] 单霁翔. 从馆舍天地走向大千世界[M]. 天津：天津大学出版社，2011.

[2] 凯瑞. 作为文化的传播："媒介与社会"论文集[M]. 丁未，译. 北京：华夏出版社，2005.

[3] MULLEN I. 增强现实：必知必会的工具与方法[M]. 徐学磊，译. 北京：机械工业出版社，2013.

[4] 尼葛洛庞帝. 数字化生存[M]. 胡泳，译. 海口：海南出版社，1997.

[5] 王耀希. 民族文化遗产数字化[M]. 北京：人民出版社，2009.

[6] 谢尔. 游戏设计艺术：第3版[M]. 刘嘉俊，杨逸，欧阳立博，等译. 北京：电子工业出版社，2021.

[7] 亚历山大 A P，亚历山大 M. 博物馆变迁：博物馆历史与功能读本[M]. 陈双双，译. 南京：译林出版社，2014.

[8] 杨红. 非物质文化遗产数字化研究[M]. 北京：社会科学文献出版社，2014.

[9] CHRISTORHER A P. The toxic meritocracy of video games: Why gaming culture is the worst[M]. Minnesota: University of Minnesota Press, 2018.

[10] DOVEY J, KENNEDY H W. Game cultures[M]. Maidenhead: Open

University Press, 2006.

[11] HEINEMAN D S. Thinking about video games: interviews with the experts [M]. Bloomington: Indiana University Press, 2015.

[12] JUUL J. Half-Real: Video games between real rules and fictional worlds [M]. Cambridge, MA. and London: The MIT Press, 2005.

[13] WOLF. Encyclopedia of video games: The culture, technology, and art of gaming [M]. Santa Barbara Calif.: Greenwood, 2012.

[14] 陈少峰. 非物质文化遗产的动漫化传承与传播研究 [D]. 济南：山东大学，2014.

[15] 李大鎏. 中国网络游戏的传播功能研究 [D]. 成都：电子科技大学，2007.

[16] 李海石. 非遗文化类功能游戏的设计研究 [D]. 重庆：重庆大学，2019.

[17] 李小曼. 泉州新编梨园戏现状及其发展对策研究 [D]. 南昌：南昌大学，2022.

[18] 林俊程. 闽南民居传统营造技艺阐释与展示研究 [D]. 北京：北京建筑大学，2018.

[19] 刘研. 电子游戏的情感传播研究 [D]. 杭州：浙江大学，2014.

[20] 娜文. 民俗博物馆实物模型互动展示系统 HanikaParadise [D]. 北京：清华大学，2015.

[21] 王萌. 数字化精神产品的消费者参与行为研究 [D]. 南京：南京航空航天大学，2009.

[22] 谢晶晶. 泉州南音非物质文化遗产保护研究 [D]. 武汉：华中师范大学，2018.

[23] 郑艺. 景德镇文旅融合创新发展实践的案例研究 [D]. 南昌：江西财经大学，2023.

[24] 庄幼红. 泉州提线木偶戏的流变与传播研究 [D]. 福州：福建师范大学，2015.

[25] 陈国强. 也谈网络游戏于网络教育中的作用 [J]. 电化教育研究，2004（10）.

[26] 陈琳，但唐文. 羌绣与杨华珍：一样的摄人心魄的美 [J]. 四川劳动保障，

2015（10）.

[27] 楚小庆.中国古琴艺术的基本范畴及其美学内涵［J］.南京艺术学院学报（音乐与表演版），2010（4）.

[28] 邓天颖.想象的共同体：网络游戏虚拟社区与高校亚文化群体的建构［J］.湖北社会科学，2010（2）.

[29] 翟姗姗，胡畔，吴璇等.基于用户信息行为的新媒体社交平台信息茧房现象及其破茧策略研究：以非遗短视频传播为例［J］.情报科学，2021（10）.

[30] 高丙中.中国的非物质文化遗产保护与文化革命的终结［J］.开放时代，2013（5）.

[31] 何威，曹书乐.从"电子海洛因"到"中国创造"：《人民日报》游戏报道（1981—2017）的话语变迁［J］.国际新闻界，2018（5）.

[32] 何威.数字游戏批评理论与实践的八个维度［J］.艺术评论，2018（11）.

[33] 胡一峰.廿年面壁图破壁：我国网络游戏研究（1998—2018）的轨迹、范式与趋向［J］.艺术评论，2018（10）.

[34] 胡钰，朱戈奇.网络游戏与中华优秀传统文化的当代传播［J］.南京社会科学，2022（7）.

[35] 黄永林，余召臣.技术视角下非物质文化遗产的发展向度与创新表达［J］.宁夏社会科学，2022（3）.

[36] 孔少华.大型多人在线网络游戏虚拟社区用户信息行为研究——以网易大型多人在线网络游戏梦幻西游为例［J］.情报科学，2013（1）.

[37] 林加.传播与传承：非物质文化遗产短视频的创新发展路径［J］.中国编辑，2023（5）.

[38] 林凯，谢清果.重返部落化：结绳记事的传播模式、机理与功能探赜［J］.国际新闻界，2021（2）.

[39] 吕国伟.文创IP视角下非物质文化遗产的可持续发展研究——以"无锡锡绣"为例［J］.艺术科技，2018（9）.

[40] 马凌.旅游中的文化生产与文化消费［J］.旅游学刊，2020（3）.

[41] 马晓娜，图拉，徐迎庆.非物质文化遗产数字化发展现状［J］.中国科学：

信息科学，2019（2）.

［42］瞿震，刘棠.非物质文化遗产视阈下的济南芙蓉街保护与发展［J］.包装工程，2023，44（S1）.

［43］司若，宋欣欣.非遗题材短视频的视觉语法与国际传播研究［J］.中国电视，2023（3）.

［44］宋俊华，王明月.我国非物质文化遗产数字化保护的现状与问题分析［J］.文化遗产，2015（6）.

［45］苏璐璐.趣味化设计在文创产品设计中的应用——以泉州非遗文创产品为例［J］.大观，2023（5）.

［46］孙冰.以非遗的妙成就国货的潮，非遗"潮"起来［J］.中国经济周刊，2021（21）.

［47］孙凉凉，王思佳.戏剧影视视角下的非遗工艺——以绒花的美学特征与创新发展为例［J］.中国民族博览，2022（21）.

［48］谈国新，孙传明.信息空间理论下的非物质文化遗产数字化保护与传播［J］.西南民族大学学报（人文社会科学版），2013（6）.

［49］谭必勇，张莹.中外非物质文化遗产数字化保护研究［J］.图书与情报，2011（4）.

［50］汤金羽，朱学芳.数字非遗传承中严肃游戏项目开发与应用探讨［J］.图书情报工作，2020（10）.

［51］田野.打造"文化传承+城市更新"新模式——以西安易俗社文化街区有机更新项目为例［J］.城乡建设，2022（2）.

［52］王媛媛.古琴艺术的海外传播状况及其意义［J］.齐鲁艺苑，2016（4）.

［53］王长潇，张晓达.播客自媒体发展的社会语境及影响力分析［J］.新闻界，2009（3）.

［54］徐竟芳.文化自信视域下城市品牌提升工作研究——以申遗成功后的泉州为例［J］.湖北第二师范学院学报，2023（4）.

［55］许沁.从环境戏剧到沉浸式戏剧：对环境戏剧后现代式演进的思考［J］.西部文艺研究，2023（1）.

[56] 许媛萍.移植与重构：游戏空间中的传统节日文化再生产及作用[J].四川戏剧，2022（6）.

[57] 于方.IP介入非遗文化创意领域的途径研究[J].北京印刷学院学报，2019（7）.

[58] 喻国明，林焕新，钱绯璠，等.从网络游戏到功能游戏：正向社会价值的开启[J].青年记者，2018（15）.

[59] 喻国明，杨颖兮.参与、沉浸、反馈：盈余时代有效传播三要素——关于游戏范式作为未来传播主流范式的理论探讨[J].中国出版，2018（8）.

[60] 赵嘉钰.弘扬秦腔文化 铭刻西安印象——多元融合打造易俗社文化街区公共文化新空间[J].百花，2022（9）.

[61] 郑敏.网络环境中古琴音乐的传播与继承[J].黄钟（武汉音乐学院学报），2013（2）.

[62] 中华人民共和国非物质文化遗产法[J].中华人民共和国全国人民代表大会常务委员会公报，2011（2）.

[63] 周逵.作为传播的游戏：游戏研究的历史源流、理论路径与核心议题[J].现代传播（中国传媒大学学报），2016（7）.

[64] 周亚，许鑫.非物质文化遗产数字化研究述评[J].图书情报工作，2017（2）.

[65] 宗争.游戏能否"讲故事"——游戏符号叙述学基本问题探索[J].当代文坛，2012（6）.

[66] De PBOGDANOWICZ M G, NEPELSKI D, et al. Born digital/grown digital: Assessing the future competitiveness of the EU video games software industry[J]. JRC Scientific and Technical Report, 2010.

[67] LEPOURAS G, LYKOURENTZOU I, LIAPIS A. Introduction to the special issue on "Culture Games"[J]. ACM Journal on Computing and Cultural Heritage, 2021（2）.

[68] 黎竹，刘旺.商业赋能城市漫游 解锁消费新场景[N].中国经营报，2023-06-26（D02）.

[69] 刘志明，班若川，左臣明，等.2021非物质文化遗产电商发展报告[N].

中国旅游报，2021-09-28（3）.

［70］邱春林.新中国工艺美术70年成就概览［N］.中国文化报，2019-9-15（01）.

［71］郭子腾.坚持守正创新　擦亮非遗品牌［N］.中国旅游报，2023-03-29（2）.

［72］王敏霞，曾世彬.泉州花灯：浓浓烟火气［N］.福建日报，2023-02-14（12）.

［73］朱洁树.泉州二度申遗成功　见证宋元时期亚洲海洋商贸繁荣［N］.第一财经日报，2021-07-27（A12）.

［74］朱润楠.Citywalk都市休闲新样态.人民政协报［N］，2023-06-02（9）.

后 记

　　案例库由中国传媒大学文化产业管理学院教授、非遗传播研究中心主任杨红担任主编。非遗传播研究中心科研助理魏思亚在案例库建设中承担了大量工作，对案例分析内容进行严格把关，体现了良好的学术研究能力。科研助理李纳米，文化产业管理专业学生吴彦瑾、刘欣然、张昊睿、陈萱、康瑞民、唐佳玥、冶宏亮、阿依扎达、吾仁娜、张菁等参与案例资料收集、案例分析等工作，体现了扎实的专业素养与辩证思考能力。

　　多年来，非遗传播研究中心持续关注国内外非遗传播创新举措，读者可通过微信公众号"非遗传播研究平台"获取更多相关内容。

　　让我们共同见证非物质文化遗产保护中的多元传播力量！

杨　红

2024 年 7 月 28 日

图书在版编目(CIP)数据

数字化·新空间：非物质文化遗产传播创新案例选 / 杨红主编. -- 北京：中国传媒大学出版社, 2024.10.

ISBN 978-7-5657-3781-7

Ⅰ. G122-39

中国国家版本馆CIP数据核字第20248D04S5号

数字化·新空间：非物质文化遗产传播创新案例选
SHUZIHUA·XINKONGJIAN: FEIWUZHI WENHUA YICHAN CHUANBO CHUANGXIN ANLIXUAN

主　　编	杨　红
策划编辑	李水仙
责任编辑	李水仙
特约编辑	李明远
封面设计	大鹏设计
责任印制	李志鹏

出版发行	中国传媒大学出版社			
社　　址	北京市朝阳区定福庄东街1号	邮　编	100024	
电　　话	86 10 65450052　86545032	传　真	65779405	
网　　址	http://cucp.cuc.edu.cn			
经　　销	全国新华书店			
印　　刷	唐山玺诚印务有限公司			
开　　本	710mm×1000mm　1/16			
印　　张	13.25			
字　　数	210千字			
版　　次	2024年10月第1版			
印　　次	2024年10月第1次印刷			
书　　号	ISBN 978-7-5657-3781-7/G·3781	定　价	69.00元	

本社法律顾问：北京嘉润律师事务所　郭建平